Tatiana Jerome

LOSLASSEN HEISST SICH SELBST ZURÜCK-BEKOMMEN

Der Liebeskummer-Ratgeber,
um dein Herz zu heilen

Aus dem Englischen
von Ursula Bischoff

Die amerikanische Originalausgabe erschien 2017 unter dem Titel
»Love lost, love found« bei New World Library, California.

Besuchen Sie uns im Internet:
www.knaur.de

Original-Taschenbuchausgabe April 2018
© 2017 by Tatiana Jerome
© 2018 Knaur Verlag
Ein Imprint der Verlagsgruppe Droemer Knaur GmbH & Co. KG, München.
Alle Rechte vorbehalten. Das Werk darf – auch teilweise –
nur mit Genehmigung des Verlags wiedergegeben werden.
Redaktion: Anke Schenker
Covergestaltung: ZERO Werbeagentur, München
Coverabbildung: © FinePic / shutterstock
Layout und Satz: Nadine Clemens, München
Druck und Bindung: CPI books GmbH, Leck
ISBN 978-3-426-87806-4

2 4 5 3 1

Allen Königinnen gewidmet

Ich widme dieses Buch jeder Frau, sie sich jemals nach dem Gefühl der Freiheit sehnte. Ich widme das Herzstück dieses Buches jeder Frau, die an die Liebe glaubt und weiß, dass sie zu ihr gehört, weil sie ein Teil von ihr ist.

INHALT

VORWORT

Auf den ersten Blick schien alles prima zwischen uns zu laufen. Auch wenn er wieder einmal vergessen hatte, den Toilettendeckel zu schließen. Na wennschon! Auch wenn er es so gut wie nie schaffte, mich pünktlich abzuholen oder handfeste Pläne zu machen, die mich einbezogen. Na und? Alles halb so wild. Schließlich ist niemand perfekt, oder? Es gibt keine Beziehung, in der alles hundertprozentig stimmt. Wir hatten eine schöne Zeit miteinander. Meistens. Während unserer dreijährigen Beziehung gab es jedenfalls mehr gute als schlechte Momente. Wir zogen zusammen, zum Teil auch deshalb, weil er seine Wohnung zwangsräumen musste und ich für ihn da sein wollte. Außerdem dachte ich, das würde uns zusammenschweißen. Ich gehöre zu den Menschen, die hin und wieder gerne ausgehen, während er eher der häusliche Typ war. Also schlossen wir einen Kompromiss. Wir gingen ab und zu ins Kino, aber meistens machten wir es uns daheim gemütlich. Ich kochte uns etwas Schönes, eins führte zum anderen, und irgendwann lagen wir völlig geschafft im Bett. Ich würde das nicht gerade als romantischen Abend bezeichnen, aber es war Zeit zu zweit mit meinem Liebsten.

Im Großen und Ganzen lief es also ganz gut zwischen uns, erheblich besser als mit meinem Ex, mit dem ich eine Fernbeziehung hatte (von Fernbeziehung kann genau genommen keine Rede sein, er wohnte nur zwei Autostunden entfernt, aber er besuchte mich selten). Ich war daran gewöhnt, ihn im Schnitt alle zwei Monate einmal zu Gesicht zu bekommen, und er hatte selten Lust zu telefonieren. Wenn ich ihn anrief, war er ziemlich wortkarg, und er erkundigte sich kein einziges Mal danach, wie es mir ging. Das war jetzt alles viel besser. Ich war glücklich – bis zu dem Tag, als mich mein Freund von seinem Arbeitsplatz aus anrief, um mir mitzuteilen, dass er Schluss machen wolle.

Die ersten drei Stunden nach dem Anruf verbrachte ich damit, mir den Kopf darüber zu zerbrechen, was ihn dazu bewogen haben mochte. Am Telefon hatte er nur gesagt, es habe mit uns beiden nicht funktioniert. Er habe mich immer wieder gebeten, bestimmte Dinge zu ändern, aber nichts dergleichen sei geschehen. Er warf mir vor, ich würde ständig nörgeln, nähme nicht genug Rücksicht auf ihn und sei eine notorische Unruhestifterin. Ich konnte keinen klaren Gedanken fassen und brach in Tränen aus. »Ist das dein Ernst?« Das ist alles, was mir dazu einfiel. Er beendete das Gespräch mit der Bemerkung, dass ich ganz anders sei als früher und dass er seine Sachen abholen würde, wenn ich auf der Arbeit sei.

Ich kann nicht einmal behaupten, dass ich aus allen Wolken gefallen wäre. Es war schließlich nicht das erste Mal, dass wir uns getrennt und es danach noch einmal miteinander versucht hatten. Aber inzwischen ist mehr als ein Monat vergangen und ich habe kein Sterbenswort von ihm gehört. Ich schätze, jetzt ist es endgültig aus und vorbei.

Ladies, sollte euch dieses Szenario bekannt vorkommen, dann zieht einen Schlussstrich, und zwar sofort!!

Jetzt denkst du möglicherweise: »Moment mal, da steckt doch mehr dahinter. Ich finde es wichtig, etwas über die Einzelheiten dieser Beziehungsgeschichte zu erfahren! Vielleicht kann ich die Situation dann besser nachvollziehen, weil ich ähnliche Erfahrungen habe.« Vielleicht hast du dir ebenfalls gesagt: »Na ja, zumindest lief es besser mit ihm als mit *meinem* Ex.« Ist das so? Dann kann ich dir nur dringend nahelegen, dir solche Gedanken schleunigst aus dem Kopf zu schlagen und ihnen mit aller Macht Einhalt zu gebieten. Die Einzelheiten spielen *keine* Rolle, weder jetzt noch in Zukunft.

Wie du vermutlich in der Schule gelernt hast, enthält jede Geschichte einen Leitgedanken, an dem sich alle nachfolgenden Einzelheiten ausrichten. Der Leitgedanke ist bereits bekannt: Es ist aus und vorbei. Der einzige Mensch, der sich an die Einzelheiten der Beziehung klammert, bist du, weil du Antworten suchst. Würden ihn die Einzelheiten interessieren, wäre die Trennung Thema einer Diskussion und keine einseitige Entscheidung gewesen – seine Entscheidung. Die Einzelheiten spielen definitiv keine Rolle. Was du für ihn getan hast, spielt keine Rolle. Die Opfer, die du für ihn gebracht hast, fallen nicht ins Gewicht. Was du in die Waagschale geworfen hast, konnte seine Entscheidung nicht maßgeblich beeinflussen. Zugegeben, man sollte eine Beziehung nicht einfach wegwerfen, ohne den Versuch zu machen, sie zu kitten, aber – und das ist ein riesengroßes ABER – wenn du die Einzige bist, die Wert darauf legt, ist der Versuch von vornherein zum Scheitern verurteilt. Wenn es in deiner Beziehung nie Raum für Gott gegeben hat, gab es auch nie Raum für Problemlösungen, die wie ein Geschenk des Himmels anmuten.

Wenn du die Beziehung beendet hast, weil du deinen Wert kennst, lies weiter, denn dieser Abschnitt ist auf dich gemünzt

Wenn du diejenige warst, die einen Schlussstrich gezogen hat, dann herzlichen Glückwunsch! Das war vermutlich eine der schwersten Entscheidungen, die du jemals in deinem Leben getroffen hast. Du wolltest die Beziehung nicht unbedingt beenden – aber insgeheim hast du dich vielleicht längst aus ihr verabschiedet. Vielleicht war sie nicht immer so schlecht, aber sie wurde auch nicht besser. Dir ist klar geworden, dass dein Partner dich als selbstverständlich hingenommen, als Plan B oder als Sicherheitsnetz benutzt hat. Für ihn warst du nicht länger das Beste, was ihm je passieren konnte. Also hast du die Konsequenzen gezogen und die Beziehung beendet. Du hast Lebewohl gesagt – mit allem, was dazugehört? Zum Beispiel jede Verbindung zu ihm gekappt? In den sozialen Medien, per E-Mail und so weiter? Oder hast du Lebewohl gesagt, ohne in deinem tiefsten Innern überzeugt zu sein, es sei zu Ende?

Dass du diejenige bist, die den Schlussstrich gezogen hat, bedeutet nicht, dass die Trennung schmerzlos über die Bühne geht. Vielleicht warst du kurzfristig erleichtert, dass du es geschafft hast, aus einer unhaltbaren Situation auszusteigen, doch das heißt nicht, dass der Trennungsschmerz überwunden ist. Auch wenn du die Initiative ergriffen hast, wird es nicht einfacher, sich von der Vergangenheit zu lösen. Deshalb solltest du dir Zeit für die nötige Trauerarbeit nehmen. Lass dir Zeit, um zu überlegen, wie es jetzt weitergehen soll. Aber nicht, um darüber nachzugrübeln, wie du reagieren sollst, wenn er sich wieder bei dir meldet, oder um dir den Kopf zu zerbrechen, was er über dich denkt. Damit würdest du den Beginn des Heilungsprozesses nur hinauszögern.

Aber du darfst deinen Tränen freien Lauf lassen. Du darfst dir Gefühle wie Schmerz, Kränkung, Wut und Enttäuschung zugestehen. Du darfst dir gestatten, ihn zu vermissen, was aber nicht bedeutet, dass du zurückrudern sollst. Niemand hat behauptet, Loslassen sei leicht, aber vielleicht tröstet dich der Gedanke, dass du nicht länger an eine Situation gebunden bist, die Gift für dich ist.

Wenn du ehrlich bist, wusstest du längst, dass es irgendwann so kommen würde

Tief in deinem Innern war es dir bewusst. Du wusstest, dass die Beziehung keine Zukunft hat, weil sie mit deinem wahren Wesenskern, deinem natürlichen, unverfälschten Selbst unvereinbar war. Wenn du dir die Zeit genommen hättest, in dich hineinzuhorchen, wäre dir irgendwann klar geworden, dass dir die Beziehung nicht guttut und beendet werden sollte. Dir wäre bewusst geworden, dass du loslassen musst. Dir wäre bewusst geworden, dass du weder die Situation noch ihn ändern kannst. Dir wäre bewusst geworden, dass keinerlei Aussicht auf Besserung besteht.

Deine innere Stimme sagt dir, wann Menschen und Situationen unzumutbar sind oder dir zum Schaden gereichen. Du kannst ihr entweder Beachtung schenken und die Warnungen beherzigen oder dich auf Verhandlungen mit ihr einlassen und nach Rechtfertigungen für die Umstände suchen, die sie als Gründe für das Scheitern der Beziehung erkannt hat. Je länger du den Prozess des Loslassens hinauszögerst, desto lauter meldet sich die innere Stimme zu Wort. Sie versucht zu verhindern, von dir zum Schweigen gebracht zu werden, möchte dich davor bewahren, in den eingefahrenen Geleisen zu verharren, sodass du nicht mehr in der

Lage bist, die bestmöglichen Entscheidungen für dich selbst zu treffen.

Ich bin überzeugt, dass die Bindung zwischen zwei Menschen auf der Seelenebene entsteht, noch bevor sie sich physisch begegnen. Unsere innere Stimme sagt uns, ob wir einen Seelenverwandten gefunden haben. Gleichermaßen kann uns diese innere Stimme die richtige Richtung weisen, wenn wir bereit sind, sie gewähren zu lassen, statt ihre Kompetenz anzuzweifeln. Sie weiß, wann es gilt, die Spreu vom Weizen zu trennen – Zuträgliches anzunehmen und Abträgliches zurückzuweisen. Wenn du schon eine Weile nicht mehr auf deine innere Stimme gehört hast, kann es länger dauern, bis du wahrnimmst, was dir eigentlich längst aufgefallen sein sollte. Was immer auch vorgefallen sein mag, du bist schließlich eine intelligente Frau, die zu erkennen vermag, wann eine Beziehung aus dem Ruder läuft. Du merkst, dass ihm Eigenschaften, die du früher ungemein anziehend fandest, abhandengekommen sind. Du kennst die faulen Ausreden, die er dir aufzutischen pflegt. Du wartest schon darauf, dass er dich wieder mit lapidaren Antworten abspeist wie »Keine Ahnung, wann …«, »Keine Zeit«, »Ich muss mich aufs Geldverdienen konzentrieren«, »Meine Arbeit geht vor« oder »Dazu bin ich noch nicht bereit«.

Du hast gespürt, dass es nur eine Frage der Zeit ist, bis die Beziehung in die Brüche gehen würde. Tief in deinem Innern war dir das alles bewusst. Du hast es dir vielleicht nicht eingestanden, aber du hast es geahnt. Es waren ja genug Warnsignale vorhanden. Die Hinweise, die dir nahegelegt haben, die Partnerschaft zu beenden – beispielsweise die Körpersprache –, waren unmissverständlich. Du hast Gott um ein Zeichen gebeten, und ER hat dir mehr als eins geschickt. Es war nur noch eine Frage der Zeit, bis du den Entschluss gefasst hättest zu handeln, nachdem du deine

Ängste, die endlosen »Was-wäre-wenn«-Grübeleien und die Erinnerungen, die guten wie die schlechten, ad acta gelegt hättest. Früher oder später hättest du entschieden, dass du eine bessere Behandlung verdienst, dass du Liebe und Unterstützung anstrebst und nicht länger gewillt bist, Gleichgültigkeit und vielleicht sogar Misshandlungen auf gleich welcher Ebene hinzunehmen. Jetzt siehst du dich vermutlich einem Gefühlschaos gegenüber, beispielsweise dem Wunsch, ihn zurückzugewinnen; den Zweifeln, ob die Beendigung der Beziehung wirklich die richtige Entscheidung war; dem Gedanken, dass du vielleicht zu drastisch reagiert hast; der Überzeugung, dass du ohne ihn besser dran bist; einer abgrundtiefen Traurigkeit und der bangen Frage, ob diese emotionalen Turbulenzen irgendwann einmal abklingen.

Wenn Gott in deinem Innern präsent ist, wird ER dich auf all deinen Wegen behüten. ER wird sich deiner annehmen. Er wartet nur darauf, dass du dich an IHN wendest, um Antworten auf all deine Fragen zu erhalten und Geduld für den Heilungsprozess zu erbitten. Wer Gott sucht, findet IHN.

Du hast eine Entscheidung getroffen, und was jetzt?

Jetzt gilt es, an deiner Entscheidung festzuhalten. Ohne zurückzuschauen. Ohne die endlose Litanei »Was-wäre-wenn« herunterzubeten. Das *Hier und Jetzt* ist alles, was zählt. Wir können nur in die Gegenwart und in die Zukunft investieren. Die Entscheidung, dein Leben ohne deinen Partner fortzusetzen, ist das Beste für *dich* (und falls Kinder vorhanden sind, auch das Beste für sie). Dein Entschluss deutet darauf hin, dass du weit davon entfernt bist, den Boden unter den Füßen zu verlieren, denn du warst imstande, gesunde, konstruktive Optionen in Betracht zu ziehen, um deine Situation zu verbessern.

Denk daran, dass du dich nicht immer so elend gefühlt hast wie heute. Dass du dir nicht immer die schmerzliche Frage gestellt hast: »Wie geht es jetzt weiter?« Du hast einmal Freude und Aufregung bei dem Gedanken empfunden, was die Zukunft bereithalten könnte, und vor allem hast du dich geliebt gefühlt. Du kannst und wirst diese Gefühle wieder erleben. Daran besteht *kein Zweifel*. Und es besteht auch kein Zweifel daran, dass du den Weg finden wirst, der dorthin führt. Die derzeitige emotionale Schieflage wird nicht bis in alle Ewigkeit andauern. Hier und jetzt solltest du die Beziehung zu Gott und zu dir selbst an die erste Stelle setzen. Hier und jetzt solltest du wieder lernen, auf dich selbst zu achten und deinen eigenen Gefühlen, Wünschen und Bedürfnissen oberste Priorität einzuräumen. Du solltest damit beginnen, fest daran zu glauben, dass es lichtere Tage geben wird. Deine Situation hat sich bereits verbessert, weil du eine klare Entscheidung getroffen hast. Der Heilungsprozess hat schon eingesetzt. Lass die Vergangenheit hinter dir. Lass die Ausreden und Ausflüchte hinter dir, die eigenen und die deines Expartners. Hier und jetzt ist es an der Zeit, deine Selbstheilungskräfte zu aktivieren.

Die Heilung setzt vielleicht nicht auf Anhieb ein

Wir haben immer die Wahl zwischen der Möglichkeit, den Heilungsprozess aktiv einzuleiten oder im Schmerz zu verharren. Wenn du dich für den Heilungsprozess entscheidest, bist du offen für alle Optionen. Du gestattest Gott, dich als Werkzeug bei der Ausgestaltung deines Lebenswegs zu benutzen. Dein Fokus bleibt bei Gott und bei der Beziehung zu IHM. Du fühlst dich stark genug, um deine Ziele zu erreichen. Du hast deine Situation unwiderruflich verbessert. Der Heilungsprozess bietet dir die Gelegenheit, gleichgesinnte Menschen anzuziehen. Du bist sicher, dass du es in Zukunft besser machen und dich besser fühlen wirst, und bringst deine Überzeugung zum Ausdruck. Du verleihst anderen Auftrieb, und was noch wichtiger ist, du liebst dich selbst zehnmal mehr als früher. Du arbeitest an deinen Unzulänglichkeiten und gehst davon aus, dass deine Bemühungen um Selbstverbesserung von Erfolg gekrönt sein werden. Du bringst sinnvollere Veränderungsmöglichkeiten voran und ebnest der Liebe den Weg in dein Leben. Der damit verbundene Persönlichkeitswandel bewirkt, dass sich andere Menschen von dir angezogen fühlen und deine Gegenwart suchen.

Bleibt ein echter Heilungsprozess aus, wird der Schmerz zur Sackgasse. Du schottest dich ab, und das bedeutet, dass du nicht zugänglich oder offen bist für das, was Gott dir in seiner unendlichen Weisheit zugedacht hat. Du konzentrierst dich auf die negativen Dinge, die sich zutragen könnten, und bewältigst deinen Alltag mehr schlecht als recht, weil die Angst dich dazu zwingt. Du suchst krampfhaft nach Ausreden, warum dir nichts Gutes widerfahren kann. Du stellst haltlose Vermutungen über Menschen und Situationen an. Solange du tief in deinem Innern noch von Wutgefühlen beherrscht wirst und diejenigen wegstößt, die sich dir anzunähern versuchen, hast du keine reelle Heilungschance. Du neidest anderen ihr Glück und erwartest von vornherein Enttäuschungen statt Erfolge. Solche Reaktionen auf eine Trennung sind kein Anzeichen für einen echten Heilungsprozess, sondern deuten vielmehr darauf hin, dass du es vorziehst, dich im Schmerz zu suhlen, statt dich auf den Weg der Genesung zu begeben.

Der Heilungsprozess ist eine schwierige Phase. Eine echte Genesung erfordert Zeit und Geduld. Es ist an der Zeit loszulassen, um irgendwann wieder glücklich und zufrieden zu sein, eine neue Liebe zu finden und noch einmal ganz von vorne zu beginnen. Dieses Mal auf dem richtigen Weg.

1

FÜNF FUNDAMENTALE WAHRHEITEN

In dem Moment, in dem du dir den Kopf darüber zerbrichst, was du in deiner Beziehung falsch gemacht, was du alles gesagt und getan, auf andere Weise geregelt oder geahnt haben könntest, bevor die Katastrophe ihren Lauf nahm, hast du die Entscheidung getroffen, dem Trennungsschmerz Tür und Tor zu öffnen. Verantwortung zu übernehmen ist ein unverzichtbarer Teil des Heilungsprozesses, keine Frage, aber die Fehler und Versäumnisse des Ex dabei zu ignorieren und nach Entschuldigungen für sein Verhalten zu suchen hat nur zur Folge, dass du die Realität auch weiterhin leugnest. Ob du nun zugelassen hast, dass er dir Sand über den Zustand der Beziehung in die Augen streut, oder ob du bemüht warst, seinen guten Ruf zu schützen – Tatsache ist, dass jeder Mensch nur seine eigenen Worte und Taten zu kontrollieren vermag.

Obwohl bestimmte Verhaltensweisen eine Vielzahl von Reaktionen sowohl auf der verbalen als auch auf der physischen Ebene hervorrufen können, solltest du dir klarmachen, dass du die

Trennung weder verhindern konntest noch die alleinige Schuld daran trägst. Wenn du dennoch in Selbstvorwürfen versinkst, erteilst du ihm damit eine Generalabsolution und spielst die Rolle herunter, die ihm bei der Beendigung der Beziehung zukommt. Selbst wenn du beschließt, jedes einzelne Detail der Beziehung genauer unter die Lupe zu nehmen (wovon ich dringend abrate!), gibt es einige grundlegende Wahrheiten, die du dir stets vor Augen halten solltest, wenn du auf dem Weg der Heilung vorankommen möchtest.

1 **Liebe lässt sich nicht erzwingen.** Ungeachtet dessen, wie stark deine Gefühle für ihn auch sein mögen, wie gut du kochst, putzt und ihn mit deiner Liebe umfängst, du kannst niemanden zwingen, deine Liebe zu erwidern. Wenn dein Ex keine Liebe mehr für dich empfindet, steht es nicht in deiner Macht, es zu ändern. Die Energie, die du aufzuwenden pflegtest, um auf die Wünsche und Bedürfnisse deines ehemaligen Partners einzugehen, solltest du nun umleiten und in die Förderung deiner Selbstliebe und Selbstachtung investieren.

2 **Wir können niemanden ändern.** Ein echter Wandel findet ausschließlich im Innern des Menschen statt, oft als Folge eines tragischen Ereignisses, einer unverhofften Schicksalswendung oder eines dringenden Bedürfnisses. Wir können noch so viel nörgeln, betteln oder manipulieren, es wird uns nicht gelingen, bei einem anderen Menschen grundlegende Veränderungen zu bewirken. Der Prozess des Wandels, der sich im Innern eines Menschen vollzieht, gleich ob zum Guten oder Schlechten, kann nur von ihm selbst angestoßen werden. Wenn er sich bemüht, ein Merkmal seines Verhaltens zu ändern, um ein besserer Mensch zu werden, geschieht das

nur, weil er den Willen mitbringt, aber nicht weil er dazu gezwungen wurde.

3 **Worte sind nichts wert, wenn keine Taten folgen.** Worte sind genau das: Worte. Nicht mehr und nicht weniger. Ohne die entsprechenden Taten, die sie untermauern, haben sie wenig Bedeutung. Wenn er beteuert, dass er dich liebt, dich aber nicht liebevoll behandelt, legt er nur ein Lippenbekenntnis ab. Genau wie jemand, der sich entschuldigt, aber weiterhin an einem Verhalten festhält, das er angeblich bedauert. Es ist daher besser, einen Menschen nach seinen Handlungen zu beurteilen statt nach seinen Worten.

4 **Eine Schwalbe macht noch keinen Sommer.** Zugegeben, ich habe gesagt, dass man jemanden nach seinen Handlungen beurteilen sollte, aber ich muss hinzufügen, dass einzelne Verhaltensweisen weniger zählen als Verhaltens*muster*. Wenn jemand ein oder zwei Mal positiv reagiert, heißt das noch lange nicht, dass er gewillt ist, dieses Verhalten fortzusetzen. Was wirklich ins Gewicht fällt, sind Verhaltensweisen, die sich zuverlässig wiederholen. Verhaltensweisen, die einem bestimmten Muster folgen, bezeichnet man als Gewohnheiten, egal ob gute oder schlechte. Wenn er beispielsweise mit der Hand vor deinem Gesicht herumfuchtelt, um seinen Argumenten Nachdruck zu verleihen, und du tust sein übergriffiges Verhalten mit einem Lachen ab, entwickelt sich unter Umständen eine Gewohnheit daraus. Wenn er deine Hand ergreift, während du auf zehn Zentimeter hohen High Heels die Straße überquerst, und du bringst deine Wertschätzung angesichts dieser ritterlichen Geste zum Ausdruck, beschließt er vielleicht, weiterhin an diesem Verhaltensmuster festzuhalten, bis sie in Fleisch und

Blut übergegangen ist. Wenn er sich dagegen nur ein oder zwei Mal dazu bequemt, kannst du dir kein Urteil über sein wahres Verhalten erlauben.

5 **Wir können unsere wahre Persönlichkeit nicht abstreifen.** Auch in einer Beziehung bleiben wir in unserem Wesenskern immer wir selbst. Viele Frauen vergessen, dass der Partner sie bei der ersten Begegnung so kennen- und schätzen gelernt hat, wie sie sind (oder zumindest so, wie sie sich präsentiert haben). Der Versuch, eine fremde Identität anzunehmen, statt authentisch und sich selbst treu zu sein, hat negative Auswirkungen, nicht nur auf die Selbstachtung, sondern auch auf die Beziehung zu Familienangehörigen und Freunden. Deshalb sollten wir auch Interessen außerhalb der Partnerbeziehung pflegen und Wert darauf legen, unser Potenzial als Individuum stetig weiterzuentwickeln.

2

DIE ACHTERBAHNFAHRT
DER REAKTIONEN

Die meisten Trennungen gehen mit einer Reihe von Emotionen einher, die prägenden Einfluss auf das Verhalten und den Tagesablauf haben. Du fällst vielleicht von einem Extrem ins andere, fühlst dich in einer Minute glücklich und in der nächsten zu Tode betrübt, weil plötzlich eine Erinnerung an deinen Ex auftaucht. Diese emotionalen Höhen und Tiefen sind völlig in Ordnung. Aber denk daran, dass Gefühle das Fundament darstellen, auf dem wir die Reaktionen auf Situationen und Menschen aufbauen. Deine Emotionen spiegeln die Erwartungen und Überzeugungen wider, die du in Bezug auf deine Beziehung hattest. Sie lassen sich nicht einfach über Bord werfen, doch mit ein wenig Mühe können sie allemal gezähmt werden. Zu den Emotionen, die sich irgendwann einmal bemerkbar gemacht haben könnten oder die du derzeit verspürst, gehören vermutlich auch die folgenden:

WUT. Was bildet sich dieser Kerl eigentlich ein? Ich fass es nicht, dass er sich kein einziges Mal entschuldigt hat! Und jetzt inszeniert er sich auch noch als Opfer – nach allem, was ich für ihn getan habe, nach allem, was ich geflissentlich übersehen und ihm verziehen habe! Meine Familie hat mich von Anfang an vor ihm gewarnt. Ich habe meine Anforderungen erheblich heruntergeschraubt, als ich mich auf ihn eingelassen habe. Ich meine, eigentlich passte er überhaupt nicht in mein Beuteschema, und das ist jetzt der Dank? Eine Lüge nach der anderen? Ich habe ihn geliebt. Wie kommt er dazu, mich so zu behandeln? Er hat weder mich noch die Beziehung respektiert. Ich habe so viel in Kauf genommen, damit sie funktioniert, aber er denkt ausschließlich an seine eigenen Bedürfnisse. Er tut so, als wäre er der Einzige, der in einer Partnerschaft zählt. Folglich war alles, was unsere Beziehung betrifft, eine Lüge. Hat ihm das Ganze überhaupt nichts bedeutet? Wie kann er nur so selbstsüchtig sein?

VERWIRRUNG. Ist es wirklich aus und vorbei? Wie konnte es nur so weit kommen? Vor einer Woche war die Welt noch in Ordnung. Ich dachte, wir befänden uns auf der gleichen Wellenlänge, würden uns perfekt ergänzen. Ich hatte gerade erst seine Mutter und seine Freunde kennengelernt. Was sollte das Ganze? Warum hat er mir weisgemacht, ich sei die Frau fürs Leben? Wie kann er behaupten, dass er mich liebt, obwohl ihm alle möglichen anderen Dinge und Menschen wichtiger sind als wir? Wichtiger als ich! Warum habe ich in dieser Beziehung mehr geweint als gelacht? In der einen Minute erklärt er mir, dass er genau weiß, was er will, und in der nächsten heißt es, dass ihm das alles zu schnell geht mit uns. Ich habe nie verlangt, dass er sich selbst untreu wird, aber jetzt sehe ich einen völlig anderen Menschen vor mir. Er hat mich gebeten, auf ihn zu warten, und jetzt kann er nicht auf mich warten? Er wusste schon, bevor wir ein Paar wurden, wie ich bin und welche Ziele ich habe. Wieso tut er jetzt so, als käme er damit nicht klar?

SELBSTVORWÜRFE. Er hat mich vor unseren Familienangehörigen und Freunden lächerlich gemacht. Ich kann nicht glauben, dass ich das so lange zugelassen habe. Ich hätte diejenige sein müssen, die unsere Beziehung beendet. Ich hätte es besser wissen müssen. Ich wusste die ganze Zeit, was Sache ist. Ich habe mich geweigert, auf andere zu hören, habe nur ihm geglaubt. Ich bin immer für ihn eingetreten, aber er hat nie etwas an seinem Verhalten geändert. Ich hätte meiner Intuition vertrauen sollen. Offenbar hält er mich für blöd. Er hat mir ständig das Gleiche erzählt, und ich habe es ihm immer wieder abgenommen. Ich habe zugelassen, dass er mit mir spielt, unglaublich! Jedes Mal, wenn er eine Bitte geäußert hat, habe ich Ja gesagt, selbst wenn ich zu müde war oder absolut keine Lust hatte. Ich habe so viele Opfer gebracht, um ihn zu unterstützen, ohne Fragen zu stellen. Und das ist der Dank! Ich wusste im Grunde, dass man ihm nicht vertrauen kann, aber ich habe trotzdem Ja gesagt. Dafür habe ich meine Schutzmechanismen außer Kraft gesetzt? Für ihn? Was habe ich mir dabei gedacht?

GLEICHGÜLTIGKEIT. Schon wieder das gleiche Theater. Das ist ja nicht neu. Aber jetzt reicht's mir! Es wäre ohnehin passiert. Es ist, wie es ist. Ich habe keine Zeit, mir darüber den Kopf zu zerbrechen. Es gibt andere Dinge, auf die ich mich konzentrieren muss. Wenn er sich meldet, o.k, wenn nicht, auch o.k. Es ist ja nicht so, dass er mein Seelengefährte gewesen wäre. Ich habe es kommen sehen, aber nicht damit gerechnet, dass die Beziehung ausgerechnet jetzt in die Brüche geht. Er kommt bestimmt zurück. Ist ja schließlich nicht das erste Mal, dass wir uns getrennt haben. Er kommt immer wieder angekrochen mit irgendeiner Entschuldigung. Ich bin daran gewöhnt, dass er sich so verhält. Ich war immer die Reife in dieser Beziehung. Inzwischen ist der Punkt erreicht, an dem ich ihn einfach in Ruhe lasse. Ich weiß, dass ich ihn nicht ändern kann, deshalb halte ich den Mund. Ich habe keine Kraft mehr, weder für dieses Theater noch für ihn.

ERLEICHTERUNG. Endlich Schluss! In was für ein Chaos habe ich mich da hineinmanövriert! Ich trete nicht länger auf der Stelle. Ich habe das Gefühl, als wäre eine Riesenlast von meinen Schultern genommen. Ich wusste, dass er mich nicht verdient hat. Ich war zu gut für ihn, zu gut für diese Beziehung. Das Ende war vorprogrammiert, es war nur eine Frage der Zeit. Ich habe nun die Chance, mein Leben ohne ihn fortzusetzen. Ich habe die Chance, zu mir zurückzufinden. Ich arbeite daran, wieder glücklich zu sein, nähere mich meinem Ziel. Ich bin auf dem besten Weg, meinen eigenen Wünschen und Bedürfnissen Rechnung zu tragen, statt ihm den Vorrang einzuräumen. Ich habe das Gefühl, mich selbst zurückzugewinnen. Ich fühle mich gut aufgehoben an meinem Platz in der Welt. Das ist eine andere Art von Glück. Mein Glück ist nicht länger an Bedingungen geknüpft. Ich habe meinen inneren Frieden gefunden. Ich weiß jetzt, was ich will. Ich weiß, wie die Liebe in meinem Leben beschaffen sein sollte. Ich danke Gott, dass es mir gelungen ist, eine Situation zu beenden, die mir nicht guttut. Ich habe viel zu lange daran festgehalten, aber Gott hat mich gerettet.

GESPANNTE ERWARTUNG. Ich kann es kaum erwarten zu erfahren, was die Zukunft für mich bereithält. Ich werde an allen Aspekten arbeiten, die ich verbessern möchte, sodass es mit der nächsten Beziehung hundertmal besser klappt. Ich bin voller Zuversicht und gespannt auf die interessanten Leute, die ich jetzt kennenlernen werde. Ich weiß, dass ich innerlich dazu bereit bin. Ich werde endlich eine echte Beziehung eingehen, die von gegenseitiger Unterstützung und Liebe geprägt ist. Ich kann mir endlich die Zeit nehmen, mich selbst zu lieben und meine Ziele zu verwirklichen, ohne mich ständig zu fragen, was er vorhat. Ich kann nachts ruhig schlafen, weil ich weiß, dass niemand mit meinem Herzen spielt. Ich bin bereit für eine echte Beziehung mit jemandem, der mit mir und für uns betet. Ich bin bereit, Liebe nicht nur zu empfinden, sondern auch allen zu zeigen, dass unsere Liebe stärker ist als die Probleme, die auftauchen können. Ich muss nicht zum x-ten Mal versuchen, die Beziehung zu kitten. Ich fange noch einmal ganz von vorne an. Ich muss mir seinetwegen keine Sorgen mehr machen, und er muss sich meinetwegen nicht mehr den Kopf zerbrechen. Ich wünsche ihm nur das Beste.

RACHEGELÜSTE. Aha, er meint also, er könnte mich einfach abservieren? Er hat offenbar keine Ahnung, was ich alles über ihn weiß. Ich werde ihm das Leben zur Hölle machen. Er ahnt nicht, wozu ich fähig bin. Wenn er glaubt, das Schlimmste überstanden zu haben, wird er jetzt erleben, dass es noch viel schlimmer kommen kann. Er wäre gut beraten, auf Facebook-Kontakte zu einer anderen Frau zu verzichten. Und ans Telefon zu gehen, wenn ich ihn anrufe. Eigentlich sollte ich einmal an seinem Arbeitsplatz auftauchen und den Leuten klarmachen, was für ein Mensch er in Wirklichkeit ist. Ich warne alle Frauen vor Typen wie ihm. Trotzdem, ich vermisse ihn. Vielleicht kriegen wir es ja doch wieder hin mit unserer Beziehung. Wahrscheinlich habe ich ihn falsch verstanden. Ach was, dieser Mistkerl hat es verdient, sich genauso mies zu fühlen wie ich. Er soll unmissverständlich erfahren, was ich von ihm halte. Ich werde ihn so lange anrufen, bis er rangeht. Aha, seine Mailbox ist voll. Auch gut, dann zahle ich es ihm eben auf IMessenger heim.

GEFÜHL DER NIEDERLAGE. Warum habe ich das Ende nicht kommen sehen? Ich wusste ja, dass es mit uns nicht funktioniert. Ich hätte ihm nie SMS schicken sollen. Was ist nur los mit meinen Gefühlen? Ich habe keine guten Entscheidungen getroffen. Ich hätte ihm niemals gestehen sollen, dass ich ihn liebe. Ich hätte ihm niemals Geld leihen sollen. Ich habe nie ein Dankeschön erhalten nach allem, was ich für ihn getan habe. Warum ruft er nicht zurück? Was habe ich ihm getan, dass er mich so behandelt? Er hat mir immer gesagt, dass ich nicht sein Typ bin, dass mir »das gewisse Etwas« fehlt. Doch ich habe geglaubt, dass er es ernst meint, als er mich gebeten hat, auf ihn zu warten. Wenn er nicht nach Hause gekommen ist oder zurückgerufen hat, habe ich im Zweifelsfall zu seinen Gunsten entschieden. Ich bin diejenige, die Hilfe braucht.

Die eigenen Gefühle verstehen und die Kontrolle übernehmen

Eine Trennung kann jede der geschilderten emotionalen Reaktionen auslösen, wie wir alle aus eigener Erfahrung wissen. In der einen Minute geht es dir einigermaßen gut, in der nächsten scheint deine Welt zusammenzubrechen. Der Schmerz, den du empfindest, ist mit nichts zu vergleichen (abgesehen von einer echten Tragödie). Du fühlst dich abgrundtief einsam. Nicht einmal dein Ex kann deinen Kummer nachvollziehen. Diejenigen, die dir nahestehen, sagen, dass sie deine Situation verstehen, und beteuern immer wieder, dass die Zeit alle Wunden heilt, aber ihre Worte sind nichts als Schall und Rauch. Du möchtest wissen, wann dieser Zeitpunkt endlich kommt. Manchmal genießt du sogar insgeheim den Schmerz, denn das ist die einzige Möglichkeit, sich deinem Ex nach wie vor verbunden zu fühlen. Selbst während der emotionalen Achterbahnfahrt hast du das Gefühl, auszurasten und Dinge zu tun, die nicht deinem wahren Selbst entsprechen. Du lässt dich auf Aktivitäten ein, die früher absolut tabu für dich waren, und suchst nach Rechtfertigungen für dein Verhalten. Wenn jemand auch nur über die Hälfte der Dinge Bescheid wüsste, die du getan oder gesagt hast, würde er dich zweifellos für verrückt halten und so sehr aus der Spur geraten, dass man meinen könnte, du hättest einen Nervenzusammenbruch erlitten. In der einen Minute hasst du ihn, in der nächsten schickst du ihm eine SMS, in der du ihm versicherst, dass du ihn liebst und der Beziehung noch einmal eine Chance geben möchtest. Und wenn keine Reaktion erfolgt, redest du dir wieder ein, er sei eine Witzfigur.

In diesem Fall solltest du dich daran erinnern, dass es höchste Zeit ist, deine Aufmerksamkeit auf dich selbst zu richten, oder? Du solltest dich wieder in Einklang mit dem Menschen bringen, der du einmal warst. Indem du dir beispielsweise sagst: Was glaubt der Typ eigentlich, wer er ist? Wie konnte er es wagen, die Beziehung zu beenden, obwohl du diejenige bist, die allen Grund hatte, ihn in den Wind zu schießen? Warum hast du nicht Schluss gemacht? Warum hast du kein Wort in dieser Richtung verlauten lassen? Wie konnte er so viel Kontrolle über die Beziehung erlangen?

Und dann beginnen die Psychospielchen. Die versehentlich abgeschickten Textnachrichten spät am Abend. Die Dinge, die du nachts aussprichst und bei Tag niemals über die Lippen bringen würdest. Das ist die Phase, in der du versuchst, die Gefühle für ihn ausklingen zu lassen. Du beginnst, deine Sicht der Dinge auf IMessenger zu verbreiten. Du hältst nach Möglichkeiten Ausschau, ihn wiederzusehen. Deshalb kommunizierst du mit ihm über die sozialen Medien. Du versuchst ihn telefonisch zu erreichen und ihm SMS zu schicken, doch auf seiner Seite herrscht Funkstille. Keine einzige Reaktion. Das bringt dich noch mehr in Rage. Wie kommt er dazu, in Deckung zu gehen? All die gemeinsamen Jahre in die Tonne zu treten. Nach allem, was du für ihn getan hast. Nach allem, was er dir gesagt hat. Jetzt stalkst du ihn in den sozialen Medien, überprüfst regelmäßig, was seine Verwandten und Bekannten posten, um zu sehen, ob er es sich gut gehen lässt. Du fragst dich, ob er das Gleiche empfindet wie du. Und natürlich entdeckst du keine Anhaltspunkte, die Aufschluss über sein wahres Befinden geben. Du entdeckst nur weitere Gründe, die dich in Wut versetzen.

Und als ob das alles nicht genug wäre, machen sich bei dir auch erste Anzeichen bemerkbar, dir selbst die Schuld an dem Beziehungsaus zu geben. Du sagst dir: »Na ja, das hätte ich nicht tun sollen. Ich hätte es besser machen können. Ja, das war falsch, ich habe einen Fehler gemacht.« Und dann fühlst du dich natürlich noch einsamer und erkennst, dass du den Trennungsschmerz durchstehen musst. Es gibt nichts, was den Kummer lindern könnte, mit Ausnahme der Zeit und des Gebets. An manchen Tagen bist du neugierig auf die Zukunft und an anderen Tagen am Boden zerstört. Dein Herz ist gebrochen, und nun brauchst du die Unterstützung von Geist und Seele, um es zu heilen. Du hast zwei Möglichkeiten: Entweder nichts tun und in einer emotionalen Sackgasse stecken bleiben – oder nach vorne schauen, auf den Weg in eine lichtere Zukunft.

Ja, von Zeit zu Zeit wirst du dich wieder an die Beziehung erinnern, schließlich hat die Verletzung auf der Herzebene tiefe Narben hinterlassen, aber diese Narben bedeuten, dass du die Trennung überlebt hast und weißt, wie sich ein gebrochenes Herz anfühlt. Diese Narben und die Erinnerungen, die guten wie die schlechten, tragen dazu bei, deine Persönlichkeit neu zu definieren und eine erheblich stärkere Version deines Selbst zu erschaffen.

Wann hört das endlich auf?

Nach der Trennung fragst du dich vielleicht, ob du dich jemals wieder in Harmonie mit dir selbst und der Welt fühlen wirst. Du hast das ständige Auf und Ab der Gefühle langsam satt! Irgendwann muss Schluss damit sein, oder? Nun, für die meisten von uns ist die Heilung ein Prozess. Man kann Gefühle nicht nach Belieben ein- und ausschalten. Nur wenige Menschen sind in der Lage, ihr Leben klaglos fortzusetzen, aber die Trennung mussten sie dennoch bewältigen. Vielleicht hatte es nur den Anschein, dass es ihnen leichter fiel, weil der Prozess der Loslösung noch im Rahmen der Beziehung stattfand. Vielleicht hast auch du mental und spirituell, aber nicht physisch mit deinem Partner gebrochen, sodass Außenstehende den Eindruck hatten, als würde dir der Schritt auf getrennten Wegen leichter fallen, weil du den Trennungsschmerz bereits durchlitten hast, als die Beziehung noch bestand.

Du bist vielleicht der Meinung, dass es mit jeder Trennung einfacher wird, doch weit gefehlt. Solange du dich in einer Beziehung emotional öffnest, bist du anfällig für Kummer und Leid. Die Trostlosigkeit scheint kein Ende zu nehmen, doch Fakt ist, dass das Licht am Ende des Tunnels näher ist, als du denkst. Wie schnell du dieses Licht entdeckst, hängt davon ab, ob du dich innerlich dagegen sträubst, einen Neuanfang zu wagen, oder bereit bist, die Situation so zu akzeptieren, wie sie ist. Wenn du jemanden wirklich liebst, im wahrsten Sinn des Wortes, wird diese Liebe niemals enden. Du hast nun begriffen und verinnerlicht, dass du etwas Besseres verdienst und dass derjenige, den du liebst, dir nicht unbedingt als »Mann fürs Leben« zugedacht war.

Die Zeit, die du in seinem Leben verbracht hast, ist vorbei. Im nächsten Kapitel, das du in deinem Leben aufschlägst, spielt er keine Rolle mehr. Du kannst das nächste Kapitel ohnehin nicht beginnen, solange er noch deinen Lebensmittelpunkt bildet. Und umgekehrt – er hat keine Möglichkeit, sich weiterzuentwickeln, solange er an dich gebunden ist. Du möchtest dir vielleicht einreden, dass ihm dieses persönliche Wachstum möglich ist, doch in ebendiesem Augenblick ist es ihm verwehrt. Manchmal musst du bestimmte Menschen und Dinge hinter dir lassen, um dich weiterentwickeln zu können, und wie es aussieht, gehört er zu denjenigen, die in deinem künftigen Leben keinen Platz mehr in der ersten Reihe einnehmen können.

Der Heilungsprozess setzt die Bereitschaft voraus zu akzeptieren, dass es Zeit und Gebete bedarf, um zu gelingen. Auf dem Weg zur Genesung findet eine Entgiftung statt. Du gehst aus allen Herausforderungen, die damit verbunden sind, innerlich gereinigt und gestärkt hervor. Du musst dich gegen die Versuchung wehren, bestimmten Aktivitäten nachzugehen, vertraute Orte aufzusuchen und auf bestimmte Neuigkeiten zu reagieren, die dir zu Ohren kommen. Der Berg, den es zu erklimmen gilt, hält unwegsames Gelände, steinige Pfade, Schlangen und andere Widrigkeiten bereit, doch wenn der Gipfel erreicht ist, hast du einen Sieg errungen und wirst mit einem fantastischen Ausblick belohnt. Es werden wolkenreiche Tage kommen, aber am Ende klart der Himmel immer wieder auf. Und jedwede Unentschlossenheit hinsichtlich deiner Beziehung wird dann ultimativen Wahrheiten gewichen sein. Du wirst deine eigene, neue Realität schaffen.

In dieser Phase des Entgiftungsprozesses (mehr darüber an

späterer Stelle) wirst du lernen, Wut, heimlichen Groll, negative Gedanken, Selbstzweifel und alles loszulassen, was sich deinem Einfluss entzieht. Du musst innere Stärke gewinnen, deshalb ist es an der Zeit für ein emotionales Muskel- und mentales Krafttraining. Dein Glaube an die Liebe, der dir vermeintlich zu entgleiten droht, wird in Wirklichkeit einer Prüfung unterzogen. Vielleicht hörst du dir tausendmal »Me, Myself and I« von Beyoncé an, wogegen nichts einzuwenden ist. Im Augenblick geht es ausschließlich um dich. Um die Erneuerung der Verbindung zu Gott und deinem wahren Selbst.

Während du die Erfahrung machst, dass eine Trennung nicht das Ende der Welt bedeutet, lässt der Trennungsschmerz, den du empfindest, bisweilen auf das Gegenteil schließen. Du musst nur annehmen, was kommt – von Moment zu Moment, von Stunde zu Stunde, von Tag zu Tag. In dieser Zeit wirst du feststellen, wie viel du von dir selbst aufgegeben hast, um eine Liebe zu erhalten, die du nie wirklich hattest, und dass es nun gilt, deine Energie in neue Bahnen zu lenken.

Der Heilungsprozess ist nicht an einen festen Zeitplan gebunden, aber du musst beschließen, den Weg nach vorne zu gehen. Dabei solltest du jede Empfindung willkommen heißen. Du darfst dir gestatten, wütend zu sein, dich verletzt zu fühlen, Rachegelüste zu verspüren und vieles mehr. Entscheidend ist, diese Emotionen nicht auszuagieren, worauf wir später noch ausführlicher zu sprechen kommen. Mach dir bewusst, dass bestimmte Gefühle und Empfindungen vorhanden sind, statt sie zu verdrängen oder sich ihnen zu widersetzen. Widerstand verursacht nur weiteren Kummer und zögert die Heilung hinaus. Es ist an der Zeit, aufrichtig mit dir selbst zu sein. Ein Sprichwort besagt, dass es nichts bringt, über verschüttete Milch zu weinen, aber im Moment darfst und solltest du genau das tun.

Die eigenen Gefühle bedingungslos anzunehmen entbindet dich nicht von der Verantwortung für deinen Anteil am Geschehen. Es bedeutet nur, dass du alles rauslassen solltest, was dich bewegt. Du setzt dich aktiv mit deinen Emotionen und mit dir selbst auseinander. Du wartest nicht auf jemanden, der dich von Kummer und Leid erlöst. Du ergreifst selbst die Initiative. Du weißt, dass der Mensch, der deinen Schmerz verursacht hat, dich nicht davon zu befreien vermag. Das kannst nur du. Dein Ex kann die Wunde mit einem Verband zudecken, wenn du es zulässt, doch das ist lediglich eine zeitweilige Lösung, bis du bereit bist, das Problem frontal in Angriff zu nehmen.

Der Heilungsprozess endet oft dann, wenn man es am wenigsten erwartet. Eines Morgens wirst du aufwachen und feststellen, dass du nicht mehr den immer gleichen alten Gedanken oder Gefühlen anhängst wie unmittelbar nach der Trennung. Du bist dankbar für das, was kommt, und blickst der Zukunft voller Tatkraft entgegen. Es wird dich vielleicht überraschen, dass deine Gefühle nun gezähmt sind. Du scheinst nicht länger über die Beziehung nachzugrübeln oder ihr nachzutrauern. Du kannst mit Fug und Recht behaupten, dass dich die Situation innerlich gestärkt hat. Du hast das eine oder andere über dich selbst erfahren und bist gerüstet, künftig einige der Fehler zu vermeiden, die zum Beziehungsaus beigetragen haben. Du bist sogar schon in der Lage, über einige deiner früheren Entscheidungen zu lachen. Du hast Kraft und Format gewonnen, und dazu bedurfte es nur einer gewissen Zeit.

Achterbahnfahrten bauen Antriebskräfte
in die falsche Richtung auf

Ich habe bereits erwähnt, wie wichtig es ist, alle Gefühle, die auftauchen, willkommen zu heißen – die guten, die schlechten und die hässlichen –, statt sie direkt auszuagieren. Du bist vielleicht versucht, missliche Entscheidungen zu treffen, um dich vom Kummer zu befreien, Entscheidungen, die auf deinen aktuellen Empfindungen basieren. Einfacher ausgedrückt: Du triffst Entscheidungen auf der Grundlage deiner derzeitigen Gefühle, statt den Blick darauf zu richten, was für dich langfristig am besten ist. All deine logischen Überlegungen haben die Neigung, etwas zu rechtfertigen, was du unter anderen Umständen nie in Betracht ziehen würdest, wie du sehr wohl weißt. Auf dieses Thema gehen wir im vierten Kapitel näher ein, aber die nachfolgende Liste enthält einige der Aktivitäten, die du vermeiden solltest – um jeden Preis.

RACHE-SEX. Du weißt, was damit gemeint ist. Dich auf sexuelle Abenteuer mit anderen Männern einzulassen, nur um dir selbst oder anderen zu beweisen, wie begehrt du bist, ist ein absolutes No-Go! Und sich auf diese Weise am Ex zu rächen, obwohl es ihn vermutlich überhaupt nicht mehr interessiert, was du treibst, ist nicht nur unreif, sondern auch gefährlich. Verzichte also lieber auf Rache-Sex. Sonst musst du nicht nur den Trennungsschmerz, sondern auch den Katzenjammer bewältigen, der sich am Morgen danach einstellt. Das ist es einfach nicht wert. Im Heilungsprozess geht es um Aufbau und Pflege des Selbstwertgefühls, und einen Teil deines Selbst an jemanden zu verschleudern, der dich kaum kennt, ist nicht der richtige Weg.

ZWANGHAFTES ANALYSIEREN DER EINZELHEITEN. Eine weitere Falle nach der Trennung ist die Krisensitzung im Freundeskreis, in der alle Einzelheiten der Beziehung zur Sprache kommen und jeder Augenblick in epischer Breite ausgewalzt wird, als sei er der spannendste deines ganzen Lebens. Deine Freunde sind über alles im Bilde. Du versuchst mit dem kriminalistischen Spürsinn einer Nancy Drew [Titelheldin US-amerikanischer Buchserien für Mädchen, Anm. d. Red.], deine Beziehung bis in den hintersten Winkel auszuforschen und das Geheimnis zu ergründen, warum und wie sie in die Brüche gehen konnte. Doch mit diesen zwanghaften Grübeleien erweist du dir einen Bärendienst. Lass die Vergangenheit ruhen! Die Einzelheiten haben keine Bedeutung mehr. Sie lassen nur unerwünschte Gefühle wiederaufleben. Keine Beziehung ist perfekt. Wenn du also glaubst, alles müsste hundertprozentig stimmen, damit sie funktioniert, befindest du dich auf dem Holzweg. Es spielt keine Rolle, ob eins plus zwei drei ergeben und zu vier geführt hat, denn diese Faktoren tragen unter dem Strich nicht zum Erfolg einer Beziehung bei. Die Einzelheiten helfen nicht, sich aus den eingefahrenen emotionalen Geleisen zu befreien. Sie bringen dich nur noch mehr aus dem Gleichgewicht, denn das Ergebnis ist immer dasselbe. Du erhältst keine Antwort auf die Frage nach den Einzelheiten, die dir durch den Kopf geht. Du kennst die Antwort bereits. Lass dich nicht von deiner Neugier unter Druck setzen. Einzelheiten spielen nur dann eine Rolle, wenn du nach Selbstverbesserung strebst. Und die Wahrheit ist, dass in jeder echten Beziehung, die von Liebe und Vergebung geprägt ist, beide Partner fähig sind, das zwanghafte Analysieren der Einzelheiten loszulassen.

NICHT AUTHENTISCH SEIN. Dein Verstand könnte dir einreden, dass du so, wie du bist, nicht gut genug für ihn warst. Deine Persönlichkeit und deine äußere Erscheinung hätten nicht dem derzeit »gängigen« Ideal entsprochen. Eine solche Denkweise führt zu nichts. Du solltest nur dann eine Veränderung in Betracht ziehen, wenn du den Wunsch verspürst, es *für dich selbst zu tun*. Du solltest versuchen, dich jeden Tag glücklich zu machen. Es gibt nichts, was du im Außen tun könntest, um die Probleme zu lösen, die du im Innern mit dir selbst hast. Du kannst dir eine neue Frisur, eine neue Garderobe, ein neues Auto oder eine neue Wohnung zulegen, ohne dass sich an deinen Gefühlen etwas ändert. Sie lenken deine Aufmerksamkeit nur vom eigentlichen Problem ab. Deine Aktivitäten sollten dir und nicht ihm zugutekommen.

IHN ANRUFEN. Das ist absolut tabu. Telefonate sind streng verboten. Es gibt nichts mehr zu diskutieren. Und denk gar nicht erst daran, dich mit seiner Familie oder seinen Freunden in Verbindung zu setzen. Wenn du dich von ihm trennst, trennst du dich auch von seiner Familie und seinen Freunden. Das heißt nicht, dass du unhöflich sein oder kein freundliches Wort mehr mit ihnen wechseln solltest, aber sei ehrlich: Du rufst sie doch in Wirklichkeit nur an, um den Kontakt zu ihm aufrechtzuerhalten. Das trägt nicht dazu bei, loszulassen. Falls du etwas in seiner Wohnung vergessen hast oder er noch Sachen bei dir hat, solltest du sie als Verlust verbuchen. Verzichte auf faule Ausreden, um mit ihm zu kommunizieren. Sei streng mit dir selbst. Es wird besser mit der Zeit. Wenn er vor deiner Tür steht, musst du nicht aufmachen. Oder losrennen, wenn das Telefon läutet, um zu sehen, ob er es ist, der anruft. Und auch keine SMS mehr, um ihm gute Nacht zu wünschen. Du spielst keine Rolle mehr in seinem Leben und solltest ihn in deinem Leben ebenfalls von der Besetzungsliste streichen. Wenn du mitten in der Nacht einen Anruf von ihm erhältst, weißt du bereits, worum es geht. Diese Strategie kann riskant sein, wenn ihr gemeinsame Kinder habt, aber man kann unmittelbar nach der Trennung eine dritte, neutrale Person einschalten, beispielsweise einen Familienrichter oder Mediator, der sich mit den Differenzen zwischen den ehemaligen Partnern befasst.

SUCHTVERHALTEN. Du kannst dir nicht gestatten, für Suchtverhalten gleich welcher Art anfällig zu sein wie Alkohol, Frustessen, Drogen oder exzessives Schlafen, nur weil du dich den schwierigen Zeiten, denen du dich momentan gegenübersiehst, nicht stellen willst. Du kannst dich nicht vor den Problemen verstecken. Der Trennungsschmerz führt zu nichts und begleitet dich auf Schritt und Tritt, bis du ihn beherzt in Angriff nimmst. Die Flasche ist nicht dein bester Freund und auch nicht das Essen. Rauchen ist ebenfalls keine gesunde Problemlösungsstrategie. Es besteht keine Notwendigkeit, sich etwas anzugewöhnen, was dich zugrunde richten kann und wird. Wie willst du das Suchtverhalten überwinden, wenn du dich nicht mit dem Schmerz auseinandersetzt? Wende dich stattdessen Gott zu.

SICH IN ARBEIT FLÜCHTEN. Du dachtest, es sei eine gute Idee, sich in Arbeit zu stürzen, oder? Nun, sie ist nicht unbedingt schlecht, wenn der Beruf, den du ausübst, kreativ ist und dir ermöglicht, dich selbst zum Ausdruck zu bringen. Bedauerlicherweise steht diese Option nicht jedem zur Verfügung. Es ist leicht, sich hinter der Arbeit zu verstecken, da sie als »sozial annehmbare« Ablenkung gilt. Aber dessen ungeachtet handelt es sich um eine Ablenkung. Sie trägt nicht dazu bei, konstruktiv mit deiner Entscheidung und deinem Trennungsschmerz umzugehen. Die Arbeit wird lediglich zu einer Verbündeten deines Kummers. Lass dich von ihr beflügeln, aber niemals in einem Ausmaß von ihr vereinnahmen, dass dir keine Zeit mehr bleibt, dich *mit deinem Selbst* zu befassen.

EINE NEUE BINDUNG. Die Entscheidung, kurz nach der Trennung abermals eine feste Bindung einzugehen, könnte sich als Bumerang erweisen. Bist du wirklich sicher, dass du für eine neue Beziehung bereit bist? Lässt du dich vielleicht nur auf den nächsten Partner ein, weil du glaubst, auf diese Weise leichter über den Schmerz und die Erinnerungen an deinen Ex hinwegzukommen? Woher willst du wissen, was du wirklich brauchst, wenn deine Gedanken ständig um den neuen Mann in deinem Leben kreisen? Überstürzt eine neue Beziehung aufzubauen ist nicht fair, weder dir selbst noch dem neuen Partner gegenüber. Kannst du aufrichtig behaupten, dass du ihm eine faire Chance einräumst? Wann willst du dir »Zeit für dich selber« nehmen?

Diese Verhaltensmuster stellen ausnahmslos Möglichkeiten dar, die schmerzlichen Gedanken und Gefühle zu unterdrücken, die Teil des Heilungsprozesses sind. Das Problem dabei ist, dass sie die Genesung nicht nur hinauszögern, sondern unerwünschte Situationen nahezu vorprogrammieren. Vielleicht neigst du zu diesen Verhaltensweisen, weil du das Gefühl hast, nicht zu wissen, an welchem Punkt die Beziehung aus dem Ruder gelaufen ist, warum sie nicht gekittet werden konnte und so weiter. Aber du wirst bald erkennen, dass es immer mehr als einen Grund für das Ende einer Beziehung gibt. Statt sich den Kopf zu zerbrechen, warum sie nicht von Dauer war, solltest du die Aufmerksamkeit lieber auf dich selbst richten.

3

UNSICHERHEITSFAKTOREN

Sechzehn Gründe, warum die Beziehung
nicht von Dauer sein konnte

*»Wenn Paare, die lange Zeit zusammen waren, erklären,
die Romantik sei ihnen abhandengekommen, sagen sie in
Wirklichkeit, dass sie alle Möglichkeiten ausgeschöpft haben.«*
Darius Lovehall, *Love Jones*

Das Ende einer Beziehung kann verheerend oder befreiend sein, aber es ist immer unumgänglich. Ähnlich wie der Arztbesuch als Kind, um geimpft zu werden. Eine Spritze zu bekommen, mag uns nicht gefallen haben, aber sie war unverzichtbar, um in Zukunft ausreichend geschützt zu sein. Oft verspüren wir das Bedürfnis, bis ins Kleinste zu erforschen, warum das Beziehungsaus erfolgte, um dem »eigentlichen« Grund für das Scheitern auf die Spur zu kommen. Fakt ist, dass es zahlreiche Gründe gibt, warum deine Beziehung nicht funktioniert hat (mit oder ohne Trennung), einige allgemeingültige eingeschlossen. Sie sind als wahre Ursache einer fehlgeschlagenen Beziehung bekannt und berüchtigt. Vielleicht hat er einen Schlussstrich gezogen, weil er meint, weiterziehen zu müssen oder Zeit für sich zu brauchen. Nach einigen entsprechenden Vorfällen gelangt er vielleicht zu der Schlussfolgerung, dass er nicht mehr sicher ist, oder bezweifelt, ob du in seine Welt passt. Im umgekehrten Fall hast du die Beziehung vielleicht beendet, weil du seine Lügen satthattest, ihm nie wirklich wichtig warst, mit seinem Mangel an Unterstützung nicht umgehen konntest oder weil er in deinen Augen einfach nicht »Manns« genug war.

Siehst du, worum es hier geht? Es gibt eine Menge Unsicherheitsfaktoren. Die Ungewissheiten waren in dieser Beziehung vermutlich größer als die Gewissheiten. Vielleicht warst du dir sicher, was deine eigenen Wünsche betraf, und er schien sich seiner Bedürfnisse bewusst zu sein, doch das macht aus euch beiden noch kein Paar, das sich auf der gleichen Wellenlänge befindet. Wenn beide Partner die Unsicherheitsfaktoren des anderen erkennen und verstehen, können sie immer noch entscheiden, ob sie loslassen oder die Beziehung nach bestem Wissen kitten sollten. Vielleicht hältst du aber auch aus Angst vor dem Verlust und dem Alleinsein an ihr fest. Du bewegst dich jedoch auf einem Minenfeld, wenn du im Alleingang versuchst, sie infolge deiner Ängste fortzusetzen, denn das kann zu irrationalen Entscheidungen mit lebenslangen Konsequenzen hinsichtlich eines Menschen führen, der dir nur zeitweilig zugedacht war. Jetzt ist es an der Zeit, deine Perspektive zu erweitern und Selbstvertrauen zu entwickeln. Wenn du die Unsicherheitsfaktoren aufdeckst, die deine Beziehung nach und nach untergraben haben, entdeckst du vielleicht einen der Hauptgründe für das Scheitern und sagst dir: »Den Rest hätte ich oder er in den Griff bekommen.« Aber wozu das Ganze? Nur weil niemand perfekt ist, muss man sich nicht mit etwas abfinden, was man normalerweise abgelehnt hätte.

Der wahre Grund, warum viele Beziehungen nicht von Dauer sind, besteht darin, dass sich einer der Partner irgendwann ausklinkt und nie wieder bemüht, sich einzuklinken. Einer oder beide hören auf, die Arbeit zu investieren, derer es bedarf, um die Beziehung am Laufen zu halten. Vier Faktoren sind absolut unerlässlich, um eine Beziehung zu stabilisieren: Beständigkeit, Engagement, Liebe und Gott. Fehlt einer dieser Faktoren, wird sie irgendwann brüchig. Okay? Darüber hinaus gibt es jedoch noch sechzehn weitere allgemeingültige Gründe für die Kurzlebigkeit vieler Beziehungen, die wir jetzt ohne lange Vorrede unter die Lupe nehmen wollen.

EGOISMUS. Egoismus bedeutet in einer Beziehung, sich nur um das eigene Wohl zu kümmern. Eine Beziehung ist keine »Ich-AG«, sondern eine beidseitige Übereinkunft, bei der das »Wir« im Vordergrund steht. Ein egoistischer Partner lebt eine Charaktereigenschaft aus, die auf Selbstbelohnung abzielt. Er ist überzeugt, dass die eigenen Bedürfnisse wichtiger sind als die aller anderen. Wenn dein Partner dem »Ich« ständig einen höheren Stellenwert beimisst als dem »Wir«, verursacht das zu gegebener Zeit Probleme. Wenn nur einer der beiden Partner den anderen umsorgt, wer umsorgt dann den Fürsorglichen? Irgendwann wird er unter dem Mangel an Fürsorge leiden und nicht mehr die Energie aufbringen, dem anderen Fürsorge angedeihen zu lassen. Der nächste Schritt bestünde logischerweise darin, anderswo nach »Balsam für die Seele« zu suchen, und das mit Recht. Hier einige Warnzeichen, auf die du achten solltest.

Er ist egoistisch, wenn er:

- ständig Dinge für sich selbst kauft,
- unberechtigte Ansprüche stellt,
- keinerlei Kompromissbereitschaft erkennen lässt,
- Versprechungen macht, die er tunlichst zu halten vergisst,
- immer wieder darauf hinweist, dass du ihn anrufen sollst, sich aber nie bei dir meldet,
- ausschließlich über sich selbst redet, sich aber nie nach deinen Belangen erkundigt,
- glaubt, seine Probleme wären die einzigen, die zählen,
- von dir verlangt, dass du ihm zuhörst und ihn emotional unterstützt, ohne für dich da zu sein, wenn du ihn brauchst,
- für alles, was er gibt, eine Gegenleistung erwartet (falls er überhaupt etwas gibt),
- überzeugt ist, er könne sich Fehler erlauben, sie dir aber nicht zugesteht, denn das würde für ihn das Ende der Beziehung bedeuten,
- es völlig in Ordnung findet, Menschen zu manipulieren, um seine Ziele zu erreichen,
- sich für dich kein Bein ausreißt, weil es unbequem für ihn wäre.

Wenn du auch nur einige dieser Warnzeichen angekreuzt hast, ist dein Partner eindeutig ein Egoist. Und was ist mit dir? Vielleicht warst du diejenige, deren egoistische Anwandlungen zum Beziehungsaus geführt haben. Vielleicht bist du der Meinung, es sollte immer nach deiner Nase gehen, und wenn nicht, rastest du aus. Vielleicht siehst du die Probleme ausschließlich bei deinem Partner statt bei dir selbst, weil du der Meinung bist, du wärst im Grunde zu gut für ihn oder er sei »nicht gut genug« für dich (wie auch immer man es formulieren mag). Du bist der Überzeugung, dass deine Aktivitäten erheblich mehr Lob und Aufmerksamkeit verdienen als seine, denn – Hand aufs Herz – er tut nicht viel, und was er tut, ist nicht besonders wichtig. Sollte das der Fall sein, ist es an der Zeit für eine ernsthafte Innenschau.

Egoistische Verhaltensweisen ziehen gewöhnlich keine Entschuldigung nach sich, und wenn doch, bedeutet das nicht, dass sie sich nie mehr wiederholen. Ein Egoist (egal ob du oder dein Partner) hält stets danach Ausschau, was für ihn selbst am besten ist. Egoisten pflegen niemandem uneingeschränkt zu vertrauen, denn sie wissen, ihr Glück hängt davon ab, dass sie Entscheidungen treffen, die ihnen in ebendiesem Augenblick zugutekommen, ungeachtet der Konsequenzen. Fakt ist, dass Egoismus in dem Bedürfnis nach Aufmerksamkeit und der Überzeugung wurzelt, einen Anspruch darauf zu haben. Wenn sich diese selbstsüchtigen Verhaltensweisen über einen langen Zeitraum hinziehen, fordern sie ihren Tribut von der Beziehung und läuten schließlich das Ende ein.

ENTFREMDUNG. Die Art und Weise, wie eine Beziehung beginnt und endet, ist nicht zwangsläufig gleich. Am Anfang war alles fantastisch, jetzt ist es nur noch so lala. Es liegt nicht daran, dass schlimme Ereignisse den Wandel herbeigeführt hätten. Vielleicht haben sogar einige äußerst positive Veränderungen stattgefunden, beispielsweise ein neuer Arbeitsplatz, ein akademischer Abschluss, ein Baby, eine neue Lebensperspektive, neue Freunde, mehr Geld … was auch immer. Es könnte alles Mögliche sein, aber ihr seid nicht länger ein Herz und eine Seele. Ihr befindet euch nicht mehr auf der gleichen Wellenlänge. Er ist nicht mehr die Person, der du als Erstes erzählst, was sich Neues in deinem Leben ereignet hat. Wenn es darum geht, Gefühle zum Ausdruck zu bringen oder zu teilen, die dich selbst oder deine Familie betreffen, behältst du sie lieber für dich. Ihr kuschelt nicht mehr miteinander, haltet nicht länger Händchen, und es mangelt an Nähe und Intimität. Die Zeit zu zweit gehört der Vergangenheit an. Ihr entdeckt keine neuen Seiten mehr am anderen. Ihr verbringt immer weniger Zeit miteinander, denn das steht auf deiner oder seiner Prioritätenliste nicht länger an erster Stelle. Ihr lacht seltener und das Gefühl der wachsenden Distanz zwischen euch führt häufiger zu Auseinandersetzungen, sowohl über wichtige als auch nichtige Anlässe. Anderen fällt auf, dass ihr abends regelmäßiger allein ausgeht. Eure Prioritäten haben sich möglicherweise geändert und die Beteuerungen, den Weg in die Zukunft gemeinsam gehen zu wollen, bleiben aus.

Das kann passieren. Das macht den Trennungsschmerz nicht erträglicher, aber Entfremdung kann einfach nur bedeuten, dass beide Parteien in unterschiedliche Richtungen streben. In manchen Fällen fühlt es sich so an, als könnte er eher ein guter Freund sein als ein romantischer Partner. Es spielt keine Rolle, ob du es bist, die davondriftet oder ob beide sich voneinander entfernen. Du hättest die Entwicklung ohnehin nicht aufhalten können, es sei denn, ihr hättet gemeinsam darüber gesprochen und euch bemüht, daran zu arbeiten. Du erfährst möglicherweise nie, warum er das Interesse an der Beziehung verloren oder sich verändert hat und umgekehrt. Er kennt die Wahrheit vielleicht und weiß, dass die Beziehung zu dir nicht mehr das ist, was er will. Seine Perspektive hat sich geändert (wohl oder übel) und damit auch seine Prioritäten.

Das Auseinanderdriften mag schmerzlich sein, aber es bringt dich auf den Weg, auf dem du in Wirklichkeit sein solltest. Vielleicht war es unumgänglich, aus deiner Komfortzone herausgerissen zu werden, oder es ist an der Zeit, dich mental auf die Begegnung mit dem richtigen Mann vorzubereiten, der in dein Leben treten wird. Vertrau auf Gott, denn er hat jemanden für dich in petto, der unglaublich gut zu dir passt. Der Mann, mit dem es nicht funktioniert hat, war vermutlich von vornherein eher für die Freundschaftsecke vorgesehen.

UNSICHERHEITSGEFÜHL. Der Verstand kann dein bester Freund oder dein ärgster Feind sein, je nachdem, in welcher Beziehung du zu ihm stehst. Die Gedanken reichen bereits aus, um Ängste und Probleme zu schaffen, die zu besitzergreifendem Verhalten, Bedürftigkeit, Abhängigkeit und Sorgen über Dinge führen, die unter Umständen nie eintreten werden. Diese Gedanken können unter anderem aus folgenden Gründen auftauchen:

- ◆ äußere Anlässe,
- ◆ Wachstumsprozesse im sozialen Umfeld,
- ◆ aktuelle Erfahrungen,
- ◆ Geschehnisse in früheren Beziehungen,
- ◆ Vorfälle im Kollegenkreis,
- ◆ Sehnsucht nach Liebe und der Wahrnehmung, dass es ausschließlich daran mangelt.

Wenn man unsicher ist, fühlt man sich auch in Bezug auf den Partner und sich selbst verunsichert, und es fehlt der innere Frieden. Wenn es einem an Sicherheit mangelt, machen sich Ängste, Nervosität, Stress und Vertrauensverlust bemerkbar. Zu den Anzeichen können auch Paranoia, Argwohn und mangelnde Konzentration gehören. Machen sich diese Merkmale bei einem der beiden Partner bemerkbar, zieht sich der andere irgendwann zurück, geht auf Distanz und beendet schließlich die Beziehung.

Vielleicht wurzelt dein Unsicherheitsgefühl in einer Lüge deines Partners, mit der er die Vertrauensbasis zwischen euch zerstört hat. Du fragst dich vielleicht, welche Märchen er dir sonst noch erzählt hat. Gedanken dieser Art verursachen Kummer und haben unweigerlich zur Folge, dass die Beziehung von kurzer Dauer ist. Du wirst deinen Partner, die Beziehung und dich selbst immer infrage stellen. Unsicherheitsgefühle können einen Menschen, der sich einmal brennend für dich interessiert hat, in die Flucht schlagen. Sie enthüllen einen Mangel an Selbstvertrauen und können zu unberechenbarem Verhalten führen. Zu den Anzeichen für Unsicherheitsgefühle gehören beispielsweise:

◆ immer mit dem Schlimmsten rechnen,
◆ ein überwältigendes Gefühl der Verlassenheit verspüren,
◆ ständig wissen wollen, wo sich der Partner gerade befindet und was er treibt,
◆ das Bedürfnis, rund um die Uhr mit ihm zusammen zu sein, weil du das Gefühl hast, ihn im Auge behalten zu müssen.

Wenn einer der beiden Partner zu der Schlussfolgerung gelangt, dass der andere zu wartungsintensiv geworden ist, und das Misstrauen, den Pessimismus oder die falschen Anschuldigungen nicht länger ertragen kann, geht die Beziehung unweigerlich in die Brüche.

MANGELNDE REIFE. Mangelnde Reife kann eine große Rolle im schleichenden Verfall einer Beziehung spielen. Wenn einer der beiden Partner glaubt, dass es dem anderen an Lebenserfahrung fehlt, dass er unfähig ist, sich in bestimmte Situationen hineinzuversetzen oder Empathie zu empfinden, bekommt die Beziehung Risse. Die Harmonie ist gestört und die Meinungsverschiedenheiten nehmen zu. Wenn ein Problem auftaucht, stellt sich die Frage, wie man damit umgeht. Sind beide in der Lage, sich zusammenzusetzen und wie reife, erwachsene Menschen darüber zu diskutieren? Wenn einer der Partner immer auf wenig hilfreiche Weise reagiert, leichtfertig daherredet oder einseitige Ansichten vertritt, kann sich der andere veranlasst sehen, noch einmal gründlich über die Beziehung nachzudenken. Hier einige Alarmsignale und Symptome für den Mangel an Reife:

Der Partner
- ist nicht gewillt, »erwachsen« zu werden (hat keine Ziele, denkt nicht ernsthaft über die Zukunft nach oder nimmt nichts und niemanden wirklich ernst),
- weiß nicht, was er will (ist nicht in der Lage/oder hat nicht den Wunsch, eigenverantwortlich zu handeln).

Obwohl man meinen könnte, das Lebensalter sei der Maßstab für den Reifegrad eines Menschen, ist das nicht zwangsläufig der Fall. Reife geht mit Weisheit einher, mit Aufgeschlossenheit, dem Verständnis für verschiedene Standpunkte, einer wirksamen Kommunikation, früheren Erfahrungen, formalem Wissen, Lebenskenntnis und der Fähigkeit, jede Situation bestmöglich zu handhaben.

Reife aufseiten beider Partner ist ein absolutes Muss in jeder gesunden, liebevollen Beziehung. Sie hat Einfluss auf die Fähigkeit des Menschen
- zu verzeihen,
- andere zu unterstützen,
- sich aus vollem Herzen zu engagieren,
- Verantwortung für das eigene Handeln zu übernehmen,
- wirksam zu kommunizieren, verbal und nonverbal,
- Lösungen für Herausforderungen in der Beziehung zu entwickeln.

Wenn es in der Beziehung an der nötigen Reife fehlt, kann einer der Partner dieses Defizit als Mangel an Fürsorge oder Wertschätzung, als unausgewogene Prioritäten oder Verbohrtheit deuten. Wenn dein Partner weder aufgeschlossen noch kompromissbereit ist oder fehlgeleitete Erwartungen hat, wird es schwierig, sich offen mit ihm auszutauschen, was letztendlich zur Folge hat, dass du ihn nicht mehr respektierst.

Obwohl der Reifeprozess auf beiden Seiten Zeit und Bereitschaft erfordert, fehlt dir vielleicht die Zeit oder die Kraft, sie in dich selbst oder in jemanden zu investieren, der den Absprung nicht zu schaffen scheint. Zwei Menschen, die versuchen, eine gemeinsame Basis zu schaffen, aber unfähig sind, sie als Fundament für ein gemeinsames Wachstum zu nutzen, passen einfach nicht zusammen. Wenn du jemals die Worte »Wann wirst du endlich erwachsen« geäußert hast oder dir anhören musstest, weißt du, dass es in deiner Beziehung ein Problem gibt und die Zeit gekommen sein könnte, sie zu beenden. Niemand von uns möchte das Gefühl haben, den Partner großziehen zu müssen, statt sich auf Augenhöhe mit ihm weiterentwickeln zu können.

DEN EIGENEN WEG FINDEN. Vielleicht braucht er Raum und Zeit, um sich selbst und seinen Weg zu finden und zu verstehen. Dieser Weg erfordert möglicherweise, dass er ihn allein geht, und es bedarf einer gehörigen Portion Reife, um das zu erkennen. Es mag schmerzlich für dich sein, weil du begreifen möchtest, warum und wie dieses Bedürfnis entstehen konnte; du solltest dir jedoch vor Augen halten, dass es nicht persönlich gemeint ist, sondern auf der Entscheidung beruht, sich weiterzuentwickeln. Vielleicht hat er das Gefühl, dass er sich krampfhaft »bemüht, er selbst zu sein«, statt einfach nur »er selbst zu sein«. Er kann nicht »er selbst« sein, solange er nicht weiß, wer er wirklich ist. Vielleicht hast du einige seltsame Verhaltensweisen bei ihm bemerkt oder festgestellt, dass er sich nicht wohlfühlt oder nicht in sich selbst zu ruhen scheint. Vielleicht versucht er, bestimmte Dinge herauszufinden, die er nur allein zu ergründen vermag. Ob diese Dinge zukunftsweisend, unerledigte Themen aus der Vergangenheit oder Stationen auf dem Weg zur Selbsterkenntnis sind, spielt keine Rolle, denn diese Reise muss er allein antreten.

Vielleicht hast du das Bedürfnis, während seiner Reise für ihn da zu sein, doch das ist nur ein Zeichen für deine mangelnde Bereitschaft loszulassen. Diese Reise wird ihn grundlegend verändern, und du hast keinen Einfluss auf seine Entscheidungen, wenn er nach Antworten, Stabilität und Gewissheit sucht. Vielleicht möchte er stärker werden in seinem Glauben, einige seiner Fehlentscheidungen korrigieren, seine Gesundheit verbessern oder sich mit anderen Schwächen auseinandersetzen, die ihn daran gehindert haben, sich bestmöglich zu fühlen und zu handeln. Er ist möglicherweise nicht in der Lage zu erkennen, wer er im Rahmen einer Beziehung ist.

UNREALISTISCHE ERWARTUNGEN. Dein Ex hatte vielleicht einige unrealistische Erwartungen, was dich betrifft. Er war vielleicht der Ansicht, dass du jeden Morgen nach dem Aufwachen so glamourös wie Beyoncé oder Kim Kardashian aussehen solltest. Oder er ist davon ausgegangen, dass du jeden Tag drei Mahlzeiten zubereitest, während du gleichzeitig ein Unternehmen leitest und ehrenamtlich in der Gemeinde tätig bist. Vielleicht hat er geglaubt, eure Familien würden sich gut verstehen, obwohl seine Schwester ihm ständig Lügen über dich erzählt und dauernd versucht hat, sich in die Beziehung einzumischen. Möglicherweise warst aber auch du diejenige mit den überzogenen Erwartungen, dass er dich beispielsweise vorbehaltlos unterstützt, immer die richtigen Worte findet, ein Umfeld schafft, in dem sich deine und seine Freunde näherkommen, deine Gefühle versteht und dich stets zum Lachen bringt. Vielleicht hast du angenommen, dass seine Familie dich auf Anhieb ins Herz schließt.

Obwohl diese Erwartungen realistisch klingen mögen, sind sie in Wirklichkeit individuell geprägt. Es sind deine und nur deine, und sie lassen sich nicht auf den Partner übertragen. Unrealistische Erwartungen können eine Beziehung zersetzen, weil sich der Partner möglicherweise unter Druck gesetzt fühlt oder sogar Minderwertigkeitsgefühle entwickelt – und umgekehrt. Realistische Erwartungen setzen voraus, dass beide Partner überprüfen, ob sie wirklich zusammenpassen, ob sie gemeinsame Werte und Ziele haben und ob sie sich in der Beziehung gleichermaßen engagieren. Die Erwartungen aufseiten beider Partner sollten auf Wünschen, Bedürfnissen, dem sozialen Umfeld und den Lebensumständen basieren. Wenn sie übereinkommen, den Erwartungen des anderen zu entsprechen, um das gemeinsame Wachstum zu fördern, ohne die eigene Identität aufs Spiel zu setzen, sind die Erwartungen nicht länger unrealistisch, sondern ein Zeichen für den nächsten Schritt auf dem Weg zu dem gemeinsamen Ziel, zwei Leben zu vereinen.

Probleme mit den Erwartungen in einer Beziehung entstehen dann, wenn einer der Partner voraussetzt, dass der andere seinen Erwartungen gerecht wird, aber nicht das Bedürfnis verspürt, sie selber zu erfüllen; auf diese Weise misst er oder sie mit zweierlei Maß. Unerwünschte Gefühle wie Verunsicherung und Mangel an Selbstakzeptanz können auch dann auftauchen, wenn einer der Partner mehr vom anderen verlangt, als dieser selbst zu geben bereit oder imstande ist. Wenn die Erwartungen zu Beginn der Beziehung offengelegt wurden, aber einer der beiden Partner ihnen im Lauf der Zeit nicht mehr entspricht und keinerlei Anstalten macht, sich zu ändern, baut sich immer mehr Spannung auf. Und wenn keine Lösung in Sicht ist, geht die Beziehung unweigerlich ihrem Ende entgegen.

MANGEL AN WERTSCHÄTZUNG. Wenn einer der Partner versäumt, dem anderen seine Wertschätzung zu erweisen, fühlt sich dieser möglicherweise ausgenutzt. Ganz gleich ob es um große Projekte oder die kleinen Dinge im Alltag geht: Eine Frau möchte, dass man ihre Bemühungen anerkennt, genau wie ein Mann möchte, dass seine Aktivitäten gewürdigt werden. Auch wenn man sich darauf verständigt hat, dass einer der beiden für bestimmte Aufgaben zuständig ist, verdient er Lob und Anerkennung. Wertschätzung zum Ausdruck zu bringen ist die einfachste Möglichkeit, Zufriedenheit und Freude in einer Beziehung zu fördern. Wenn einer der beiden keine Chance hat, ein gutes Gefühl hinsichtlich seiner eigenen Person und seiner Aktivitäten zu entwickeln, verliert er möglicherweise den Glauben an sich selbst – und an den Partner. Das führt vielleicht zu der Schlussfolgerung, dass dieser egoistisch ist, die Opfer nicht würdigt, die du bringst, und sich nicht dafür interessiert, wie viel zu tun ist und warum. Solche Gefühle können die Romantik zerstören, und wenn die Probleme nicht in Angriff genommen werden, zum Beziehungsaus führen.

Es ist nichts dagegen einzuwenden, sich ein wenig Dankbarkeit vom Partner zu wünschen. Eine Beziehung sollte dich anspornen und beflügeln, deine Gefühle und dein volles Potenzial auszuschöpfen. Wenn er erwartet, dass du Tag für Tag »deine Arbeit« erledigst (was im Klartext bedeutet, dass du in der Beziehung eine bestimmte Rolle zu spielen hast), ohne dass er deinen Beitrag würdigt; wenn du das Gefühl hast, auf seiner Prioritätenliste unter »ferner liefen« zu rangieren, oder wenn du dich dabei ertappst, dass du um Anerkennung buhlst, dann solltest du eine Diskussion über Verbesserungsmöglichkeiten anstoßen oder einen Schlussstrich ziehen.

Aufrichtige Dankbarkeit zeigen, den Partner täglich zur Kenntnis nehmen und danach streben, ihn mit Worten und Taten bestmöglich zu unterstützen, ist eine Gewohnheit, die der Übung bedarf. Wir nehmen allzu leicht hin, dass uns der andere Aufgaben abnimmt oder dass er zur Stelle ist, wenn wir jemanden brauchen, mit dem wir unsere emotionale und physische Bürde teilen können. Doch wenn diese Annehmlichkeiten zur Gewohnheit werden, ist es nur noch eine Frage der Zeit, bis die Beziehung in die Brüche geht.

GEWALTTÄTIGKEIT. Ganz egal ob es sich um physische, verbale oder emotionale Übergriffe handelt, Gewalttätigkeit ist ein zwingender Grund, die Beziehung unverzüglich zu beenden. Eine Beziehung, in der ein Partner den anderen kleinredet, herabsetzt, demütigt oder ihm Schaden in gleich welcher Form zufügt, hat keine Überlebenschance. Sie ist hoffnungslos zerrüttet, und der gewalttätige Partner braucht dringend professionelle Beratung und eine tiefgründige Innenschau. Der Partner, der Gewalt erfährt, muss die Kraft aufbringen, aus der Beziehung auszusteigen. Echte Selbstliebe kann Gewalt gleich welcher Art, die sich gegen Körper, Geist und Seele richtet, nicht hinnehmen. Man muss sich selbst genug wertschätzen, um den Schritt aus dem Teufelskreis zu wagen und Hilfe in Anspruch zu nehmen. Dem Gewalttäter kannst du nicht helfen, du hast keinerlei Kontrolle über seine Handlungen oder Entscheidungen. Du kannst nur dein eigenes Verhalten steuern. Durch den Verbleib in einer gewalttätigen Beziehung verzerrst du deine Selbstwahrnehmung und büßt die Fähigkeit ein, etwas für dich selbst zu tun. Vielleicht versuchst du es mit einer Paartherapie, die eventuell kleine Fortschritte erzielt, doch über kurz oder lang wird ein Rückfall erfolgen. Du bist nicht die Ursache seines übergriffigen Verhaltens.

Gewaltverhalten wird mit ungelösten Konflikten und einer oft tief verwurzelten Wut über Erfahrungen in der Vergangenheit des Gewalttäters in Verbindung gebracht. Du bist nicht diejenige, die einen Wandel herbeiführen kann. Ein Gewalttäter muss die bewusste Entscheidung treffen, sich zu ändern. Das erfordert Zeit und Raum. Er kann sich nicht bessern, wenn er sich in einer zerrütteten Beziehung befindet. Diese Beziehung zu beenden ist eine Entscheidung, die ein hohes Maß an Verantwortungsbewusstsein beinhaltet. Sie dient deiner eigenen Sicherheit und Selbstachtung, und wenn Kinder vorhanden sind, auch ihrer Sicherheit und dem Bild, das sie sich von einer gesunden, harmonischen Beziehung machen. Wenn du schon immer die Neigung hattest, dich zu übergriffigen Männern hingezogen zu fühlen, ist es höchste Zeit, die Beziehung loszulassen und deine Selbstwahrnehmung unter die Lupe zu nehmen.

Viele Frauen bleiben in einer von Gewalt geprägten Beziehung, weil sie das Gefühl haben, nirgendwo Zuflucht zu finden und weder Geld noch Unterstützung zu erhalten. Da zu befürchten steht, dass sie verletzt werden, müssen sie genug Selbstvertrauen aufbringen, um sich ein besseres Leben vorstellen zu können. Solltest du dazugehören, musst du dir bewusst machen, dass es immer einen Ausweg gibt, ungeachtet dessen, was du durchgemacht hast. Es gibt Institutionen und Initiativen, die gewaltbetroffenen Frauen Mut zusprechen und sie mit Rat und Tat unterstützen. Denk daran, dass Gewalt *kein* Zeichen der Liebe und Zuneigung ist. Es ist *kein* Zeichen der Bewunderung. Gewalt ruft Angst, eine Opferhaltung und das Gefühl der Hoffnungslosigkeit hervor. In einer gewalttätigen Beziehung wirst du niemals sicher oder glücklich sein. Du wirst niemals deine eigenen Ziele erreichen und mental nicht stark genug sein, um die besten Entscheidungen für dich zu treffen oder den Alltag zu meistern. Viele Gewalttäter drohen damit, sich an ihren Partnerinnen zu rächen, wenn diese sie öffentlich anprangern oder den Versuch machen, sie zu verlassen. Das umgeht man am besten, wenn man einen Plan entwickelt und ein unterstützendes System aufbaut, das bei der Flucht hilft.

DIE DUNKLE SEITE ZUM VORSCHEIN BRINGEN. In einer Beziehung freust du dich, die Liebe zu deinem Partner zum Ausdruck bringen zu können, gemeinsam zu wachsen und eine bessere Version deines Selbst zu werden. Du bist überzeugt, dass dein Partner dein bester Freund, dein größter Ansporn, dein Zuhause fern von zu Hause und eine Quelle der Kraft sein wird, aus der du schöpfen kannst. Leider sieht die Wirklichkeit oft ganz anders aus. Es gibt Beziehungen, die die dunkle Seite in einem der Partner zum Vorschein bringen. Das könnte auch auf dich zutreffen, wenn du ständig

- frustriert bist,
- brüllst,
- schlechte Gewohnheiten annimmst,
- dich nicht mehr in Einklang mit dir selbst fühlst,
- dich von deiner Familie distanzierst,
- Dinge tust, die du nie für möglich gehalten hättest,
- deine Beziehung zu Gott auf Eis legst oder vernachlässigst (egal wie du es betrachten magst),
- unfähig bist, Glücksgefühle und positive Gedanken zum Ausdruck zu bringen, wenn du sie empfindest.

Wenn du merkst, dass du dich ständig infrage stellst oder nach Entschuldigungen für die Vorgänge in der Partnerschaft und in dir selbst suchst, haben dein Partner und deine Beziehung deine dunkle Seite zum Vorschein gebracht. Irgendwann ist der Punkt erreicht, an dem du dich selbst nicht mehr in dem Menschen erkennst, der du geworden bist. Wenn dich der Partner, von dem du dachtest, dass er dich zum Lachen bringt, nur noch wütend macht und die negativen Aspekte die positiven weit überwiegen, ist die Partnerschaft vergiftet und wird irgendwann das Zeitliche segnen.

Der falsche Partner wird glücklich sein, dass du deine Ziele aufgegeben hast, wenn es seinen selbstsüchtigen Bedürfnissen dient. Der falsche Partner erniedrigt dich. Der falsche Partner verzerrt deine Wahrnehmung von den Vorgängen in der Beziehung. Der falsche Partner betrachtet dich als Konkurrenz. Der falsche Partner verlangt von dir, dass du dich seiner als würdig erweist. Der falsche Partner bewirkt, dass du dich anders verhältst, als es deinem Wesen entspricht. Ein einfaches Anzeichen dafür ist die Sprache. Wenn dein Kommunikationsstil aus Beschimpfungen besteht und du dir angewöhnt hast zu fluchen, seit du mit ihm zusammen bist, kann das darauf hindeuten, dass du dir den falschen Partner ausgesucht hast.

Der richtige Partner würde dazu beitragen, dass du das Leben und seine endlosen Möglichkeiten als spannendes Abenteuer betrachtest. Der richtige Partner würde sein Bestes tun, um dich bei der Verwirklichung deiner Ziele zu unterstützen. Der richtige Partner würde sich die größte Mühe geben, deinen Vorstellungen zu entsprechen. Er würde sich die größte Mühe geben, alle Faktoren in deinem Umfeld zu beseitigen, die dich belasten, und nach bestem Wissen und Gewissen dafür sorgen, dass deine Bedürfnisse erfüllt werden.

Wenn dein Partner behauptet, dass du seine dunkle Seite zum Vorschein bringst, solltest du dich aus dieser Gleichung zurückziehen. Entweder bist du nicht diejenige, die für ihn am besten ist, oder er weist dir die Schuld für sein Fehlverhalten zu. Du solltest in jedem Fall vorsichtig sein und dir bewusst machen, ob du die dunkle Seite in deinem Partner zum Vorschein bringst oder ob er von Hause aus zu Gewalttätigkeit neigt. Wenn du dir nicht sicher bist, ob es sich um eine Gewalterfahrung handelt, solltest du eine professionelle Beratung in Anspruch nehmen. Nicht jede Beziehung fördert das Beste in einem Menschen, aber eine Beziehung, die das Schlimmste in dir zum Vorschein bringt, kann nicht gesund sein. Möglicherweise haben sich zwei Menschen mit völlig unterschiedlichen Persönlichkeiten zusammengefunden. Aber wenn du nicht du selbst sein kannst, dich unwohl in deiner Haut fühlst oder nicht in Frieden mit deinem Partner lebst, besteht kaum eine Chance, dass die Beziehung irgendwann funktioniert.

NÖRGELN UND EIFERSUCHT. Zu den am weitest verbreiteten Gründen für ein Beziehungsaus gehören fortwährendes Nörgeln und Eifersucht, die oft Hand in Hand gehen. Die ständige Nörgelei gibt deinem Partner das Gefühl, dass du ihm nicht zutraust, etwas auf die Reihe zu kriegen oder es besser zu machen. Außerdem kann sie bewirken, dass er innerlich auf Distanz geht.

Nörgeln ist keine Eigenschaft, die sich auf Frauen beschränkt ... auch einige Männer neigen dazu. Die Ursache ist häufig das Gefühl, nicht genug Aufmerksamkeit zu erhalten. Wenn Nörgeln in einer Beziehung an der Tagesordnung ist, spielen in 80 Prozent der Fälle auch Neid und Eifersucht eine Rolle – beispielsweise in Bezug darauf, wie und mit wem er seine Zeit verbringt oder was er tut und lässt. Auch der Vergleich anderer Beziehungen mit der eigenen Partnerschaft kann zu innerer Distanz, dem Gefühl, nichts richtig zu machen, und schließlich zum vollständigen Rückzug führen. Wenn du von deinem Partner ein bestimmtes

Verhalten verlangst, könnte er beschließen, sich innerlich abzuschotten.

Damit wir uns richtig verstehen: Es ist grundsätzlich nichts dagegen einzuwenden, nach Problemlösungen zu suchen und bestimmte Wünsche und Bedürfnisse in einer Beziehung zum Ausdruck zu bringen, aber dafür gibt es andere, zuträglichere Vorgehensweisen. Wenn du auf die Sozialkontakte deines Partners eifersüchtig bist, die dir fehlen – und ständig deswegen nörgelst –, beschließt er unter Umständen, sich von dir zu trennen. Oft ist es am besten, sich Zeit zu nehmen, um wertzuschätzen, was du hast.

Innere Abschottung ist keine annehmbare Strategie, um eine Situation in den Griff zu bekommen. Man könnte sie interpretieren als Flucht eines Menschen, der zu feige ist, sich einem Problem zu stellen. Aber man gerät leicht in Versuchung, zu dieser Möglichkeit zu greifen, wenn man ständig gescholten, belehrt, beschuldigt oder kritisiert wird. Es sollte dich daher nicht überraschen, wenn er sich in seiner Männerhöhle verschanzt und beharrlich schweigt. Nörgelei und Eifersucht erhalten ihre Impulse aus der Vergangenheit, und das heißt, dass man beides zu kontrollieren vermag. Nörgelei und Eifersucht erzielen keine positiven Ergebnisse und sind eine Belastung. Niemand kann zu hundert Prozent beeinflussen, was ein anderer Mensch tut oder lässt. Wenn du beschließt, Nörgelei und Eifersucht loszulassen, wirst du vielleicht über die Reaktion erstaunt sein, die du damit bewirkst. Wenn du deinem Partner die Möglichkeit gibst, etwas aus seinem eigenen freien Willen heraus zu tun oder sich aus eigenem Antrieb zu öffnen, empfindet er seine Aktivitäten als befreiend. Er ändert etwas an seinem Verhalten, weil es seinem Wunsch entspricht, und nicht weil er dazu gezwungen wurde. Wenn jemand nicht jeden Tag ins Kreuzfeuer der Kritik gerät, springt er vielleicht sogar über seinen eigenen Schatten und ist bereit, Hilfe in

Anspruch zu nehmen, um einer Forderung gerecht zu werden oder sich mit dem Problem auseinanderzusetzen.

In einer reifen Beziehung sollten diese Verhaltensweisen und Gefühle direkt angesprochen werden und beide Partner bemüht sein, die emotionalen Spannungen auf beiden Seiten abzubauen und wieder ein starkes Team zu bilden. Andernfalls ist es an der Zeit, sich behutsam einen Weg aus der Beziehung zu bahnen.

GELD. *Denn eine Wurzel alles Bösen ist die Geldliebe* (1. Timotheus 6,10). Nicht genug Geld zu haben, um bestimmte Dinge zu tun oder sich leisten zu können, Unstimmigkeiten, wie das vorhandene Budget verwendet werden soll, und schlechter Umgang mit den Finanzen sind weitverbreitete Gründe für das Ende einer Beziehung. Einer der beiden Partner verdient vielleicht erheblich mehr als der andere und möchte Aktivitäten nachgehen, die sich der andere nicht leisten kann. Einer der beiden Partner ist vielleicht ein Träumer, was Geld betrifft, und der andere realistischer. Der eine geht sparsam mit seinem Geld um, während der andere der Meinung ist, Geld sei dazu da, in Umlauf gebracht zu werden, um das Leben in vollen Zügen zu genießen.

Wenn zwei Menschen eine unterschiedliche Einstellung zum Geld haben und keiner von beiden bereit ist, von seinem Standpunkt abzurücken, sind Probleme vorprogrammiert. Wenn einer der beiden Partner im Hinblick auf seine Finanzen und Ausgabegewohnheiten nicht ehrlich ist, können Streitigkeiten eine unvermeidbare Folge sein. Wenn einer der beiden Partner bereit ist, sein ganzes Geld in eine gemeinsame Zukunft zu investieren und der andere zurückhaltend reagiert, entstehen Misstrauen und Verunsicherung, nicht nur im Hinblick auf die Finanzen, sondern auch bezüglich anderer Aspekte der Beziehung. Du hast deinem Partner vielleicht nicht erzählt, dass du Stammkundin bei Victoria's Secret oder einem anderen sündhaft teuren Dessous-Laden bist, oder dein Partner hat kein Wort darüber verlauten lassen, dass er die Hälfte seines Gehalts für die Anschaffung eines Fernsehgeräts mit Megabildschirm ausgegeben hat.

Mit den Geheimnissen kommen die Lügen ins Spiel. Wenn sich dein Partner Geld von dir leihen möchte, weil er gerade knapp bei Kasse ist und ein paar Rechnungen bezahlen muss, und du bekommst auf die Frage nach dem Grund eine Lüge aufgetischt, siehst du dich durch dieses Täuschungsmanöver mit Sicherheit veranlasst, deine Ansichten über deinen Partner und die Beziehung zu ändern. Wenn dein Partner über seine Verhältnisse lebt, anderen Geld leiht, das er sich von dir geborgt hat, oder dich über seine Einkommensquelle und die Art belügt, wie er sein Geld ausgibt, kann das zu einem emotionalen, mentalen oder physischen Bruch in der Beziehung führen. Wenn einer der beiden Partner nicht bereit ist, seine finanzielle Situation offenzulegen, wird sich der andere unwohl fühlen, ihm Informationen über die eigenen Finanzen zu enthüllen. Das Thema Geld kann ein Beziehungskiller sein, wenn ein Partner oder beide geldgierig, nicht ehrlich miteinander oder uneins sind, was die finanziellen Ziele betrifft. Wenn einer der beiden Partner egoistisch ist und Geld auf eine Weise ausgibt und verwaltet, die ausschließlich seinen eigenen Interessen dient, wird er am Ende alleine dastehen.

FERNBEZIEHUNGEN. Fernbeziehungen sind bei vielen Paaren, die den Status quo in der Anfangsphase der Beziehung erhalten möchten oder müssen, zum Scheitern verurteilt. Wenn das Fundament der Beziehung nicht stark genug ist, um eine Romanze mit räumlicher Distanz zu tragen, ist es nur eine Frage der Zeit, bis sie zu Ende geht. In einer Fernbeziehung müssen beide Partner gewillt sein, sich zusätzliche Mühe zu geben, damit sie funktioniert. Telefonate reichen nicht aus. Sie müssen sich Zeit für gegenseitige Besuche nehmen, die gemeinsame Teilnahme an besonderen Ereignissen und Urlaube zu zweit von langer Hand planen und einander mit liebevollen Gesten überraschen. Eine Fernbeziehung stellt die Bereitschaft auf den Prüfstand, an der Liebe zueinander zu arbeiten und herauszufiltern, was nötig ist, um den Erhalt einer harmonischen Beziehung zu gewährleisten.

Wenn das Miteinander nicht ausreichend gepflegt wird oder bei einem der Partner auf der Liste der Prioritäten nicht ganz oben steht, machen sich die ersten Symptome bemerkbar, dass die Beziehung kränkelt. Anrufe und Textnachrichten werden seltener. Die Unterhaltungen werden kürzer, oft einseitiger, und sie wirken ein wenig verkrampft. Du interessierst dich nicht länger für den Tagesablauf des anderen. Die Besuche verlieren an Dringlichkeit und du suchst nach Entschuldigungen, warum ihr noch weniger Zeit miteinander verbringt als sonst. Wenn Gespräche über die gemeinsame Zukunft ausbleiben und du das Gefühl hast, dass die Beziehung zum Stillstand gekommen ist oder sich zurückentwickelt, wird sie zu gegebener Zeit im Sande verlaufen, wenn beide Partner keine Anstrengung unternehmen, die Situation zu verbessern.

Obwohl sich Fernbeziehungen für viele bewähren können und auch bewährt haben, stehen die Chancen schlecht für Paare mit ungelösten Problemen, da die räumliche Entfernung zwischen ihnen nicht dazu beiträgt, sie zu kaschieren. Wenn sie auf unbegrenzte Zeit eine Fernbeziehung bleiben muss, sollten sich beide mit dem Gedanken aussöhnen, dass der Partner viel Zeit mit anderen verbringt und die Terminkalender aufeinander abgestimmt werden müssen, vor allem wenn sich die beiden in unterschiedlichen Zeitzonen befinden. Beide müssen versprechen, eine Verbindung aufrechterhalten zu wollen, die diesen Namen verdient.

Man macht leicht leere Versprechungen, wie man die Beziehung zu pflegen gedenkt, aber es gilt einen Plan zu entwickeln, welche Ziele langfristig angestrebt werden sollen, denn Fernbeziehungen haben eine begrenzte Lebensdauer. Mit einem klar umrissenen Plan in der Hinterhand fällt es wesentlich leichter, aneinander festzuhalten und die Ziele gemeinsam zu erreichen.

UNSTIMMIGKEITEN MIT DER FAMILIE UND DEN FREUNDEN DES PARTNERS. Die Beziehung zu deinem Partner wird zwangsläufig scheitern, wenn Krieg zwischen dir und seiner Familie herrscht. Es ist ungeheuer wichtig, dass du dir Mühe gibst, mit seiner Familie auszukommen. Sich Mühe zu geben bedeutet nicht, dass du deinen Seelenfrieden und deine mentale Gesundheit opfern musst, sondern dass du dich auf den Umgang mit verschiedenen Persönlichkeiten einstellst, egal ob es sich dabei um seine nächsten Verwandten oder seine Kinder handelt (sofern er welche hat). Es ist natürlich auch möglich, dass er mit deiner Familie nicht klarkommt und du die Beziehung deshalb nicht fortsetzen willst. Falls du die Vorstellung hast, dass ihr mit der Zeit zusammenwachsen und den Hafen der Ehe ansteuern werdet (falls ihr nicht schon vor dem Traualtar gelandet seid), solltest du daran denken, dass du seine Familie mitheiratest. Falls du das Gefühl hast, dass sich seine Familie ständig in eure Beziehung einmischt oder er bestimmten Angehörigen deiner eigenen Familie nicht gewachsen ist, könnten dir diese Unstimmigkeiten einen Strich durch die Rechnung machen. In den meisten Fällen geraten Beziehungen in eine Schieflage, wenn einer der beiden Partner es versäumt, der eigenen Familie die Stirn zu bieten und für den anderen einzustehen, sondern es dem anderen überlässt, sich Anerkennung zu verschaffen mit dem Ergebnis, dass er oder sie sich im Stich gelassen fühlt. Vielleicht hat er ein Kind oder mehrere Sprösslinge aus einer früheren Beziehung. Wenn du ausschließlich mit Familiendramen konfrontiert wirst (oder selber darin verwickelt wurdest), ist diese Beziehung möglicherweise nichts für dich.

Wenn bei jedem Besuch in seiner Familie Katastrophenstimmung herrscht, ein Streit entbrennt, oder wenn man dich ständig kritisiert und dir das Gefühl gibt, nicht gut genug für ihn zu sein, solltest du dich fragen, ob du auch weiterhin gewillt bist, eine solche Behandlung hinzunehmen. Würden sich die beiden Familien bei einer Zusammenkunft gut verstehen? Wäre es sinnvoll, ihn zu bitten, auf deine Gegenwart zu verzichten, wenn er seine Familie besucht? Würdest du dich ausgeschlossen fühlen? Und was ist mit den Freunden? Was ist, wenn du nicht mit seinen Freunden auskommst und er nicht mit deinen? Würdest du Vorsichtsmaßnahmen ergreifen, wenn deine Freunde und Familienangehörigen erklären, dass dieser Mann nichts für dich ist?

Obwohl die Meinungen anderer keinen Einfluss auf deine Entscheidungen haben sollten, ist es ratsam, genau hinzuschauen, warum sich die Menschen, die dir nahestehen, nicht für ihn erwärmen können. Versuche anhand deines gesunden Urteilsvermögens herauszufinden, aus welchem Grund sie die Verbindung missbilligen. Das bedeutet nicht, dass deine Beziehung von kurzer Dauer sein wird, aber es bedeutet auch nicht, dass sie hält. Du kannst nicht erwarten, dass sich alle Menschen auf diesem Planeten gegenseitig lieben und respektieren, aber du solltest dennoch einen prüfenden Blick auf die grundlegenden Unvereinbarkeiten und Gründe für die Ablehnung werfen, mit der sie jemandem begegnen.

SPIRITUALITÄT. Eine Beziehung kann vor dem Aus stehen, wenn die Partner unfähig sind, einander zu verstehen und den Glauben des anderen zu akzeptieren. Es gibt zahlreiche erfolgreiche Beziehungen zwischen Menschen mit unterschiedlichen spirituellen Überzeugungen. Für einige sind diese nicht von Belang, aber für dich könnten sie wichtig sein. Wenn du beispielsweise an die Dreifaltigkeit glaubst und dein Partner nicht, könnte das zum Ende der Beziehung führen. Ein weiterer Grund wäre, dass dein Partner das Thema Spiritualität auf die leichte Schulter nimmt, während es für dich allerhöchsten Stellenwert hat.

Beziehungen funktionieren nicht, wenn einer dem anderen ständig Vorwürfe wegen seiner spirituellen Überzeugungen macht. Du hast unter Umständen ein Problem mit deinem Partner, weil er immer Anerkennung für Dinge fordert, die deiner Meinung nach Gottes Wirken zu verdanken sind. Du hast unter Umständen ein Problem mit deinem Partner, wenn er alles hinterfragt, was nach deiner Auffassung das Werk Gottes ist, aber von ihm als reiner Glücksfall bezeichnet wird. Vielleicht folgst du der Tradition und besuchst den Gottesdient, nimmst an bestimmten kirchlichen Aktivitäten teil, spendest den Zehnten, wie in der Bibel angeraten, fastest und legst Wert auf viele andere religiöse Rituale, über die dein Partner spottet. Vielleicht hat er mit alldem »nichts am Hut«, aber trotzdem eine Beziehung zu Gott. Vielleicht bist du es, die keine Lust auf Kirche und Teilhabe an kirchlichen Aktivitäten hat, im Gegensatz zu deinem Partner. Dann solltest du dich fragen, ob das für dich in Ordnung ist. Beeinflusst deine Spiritualität das Urteil über ihn, und wenn ja, wie wird sie sich auf eure gemeinsame Zukunft auswirken, auf deinen Weg mit Gott und die Fähigkeit, der Mensch zu sein, zu dem du dich sichtlich entwickelst?

Wenn du deine spirituelle Beziehung auf dem Altar der romantischen Beziehung opfern musst, ist es vielleicht an der Zeit, Letztere so schnell wie möglich zu beenden. Wenn du der Beziehung zu Gott einen höheren Stellenwert beimisst, ungeachtet dessen, wo du im Leben stehst, kann es niemandem gelingen, sie zu zerstören, zu unterbrechen oder infrage zu stellen. Gott ist eine feste Burg, und wenn du dort Frieden findest, gilt es, diese Beziehung zu verteidigen. Wenn du deinen Blick auch weiterhin auf Gott richtest, wird irgendwann derjenige deinen Weg kreuzen, der dir nach dem göttlichen Ratschluss zugedacht ist. Wenn du deine Beziehung zu Gott hütest, wirst du imstande sein, sie gemeinsam mit dem richtigen Partner vor äußeren Einflüssen zu schützen. Wenn du dich dagegen in einer Beziehung befindest, die das Fundament der spirituellen Überzeugungen erschüttert, das dir gute Dienste geleistet hat, solltest du dich fragen, warum du dich auf jemanden einlässt, der möglicherweise nicht der Richtige für dich ist.

Aber reicht es aus, ihm den Laufpass zu geben, wenn alles an ihm zu stimmen scheint, abgesehen von seinem Glaubenssystem? Glaubst du, dass es in Gottes Macht steht, dir jemanden zu schicken, der genauso gut zu dir passt? Wenn du verheiratet bist und dein Mann vom spirituellen Weg abgekommen ist, kann es besser sein, für sein Seelenheil zu beten, statt ihm fortwährend mit bestimmten Forderungen in den Ohren zu liegen, beispielsweise in die Kirche zu gehen.

LIEBESAUS. Wenn du deinen Partner nicht mehr liebst, hast du das Gefühl, dass es zwischen euch aus und vorbei ist. Beziehungen können enden, wenn der romantische Funke erlischt. Dein Partner gleicht eher einem Bruder als einem Gefährten, dem du in Liebe und Leidenschaft verbunden bist. Vielleicht ist in deiner Beziehung so viel vorgefallen, dass du deinen Partner nicht mehr respektieren kannst oder nicht länger mit ihm zusammen sein willst. Du hast möglicherweise erkannt, dass er schlussendlich doch nicht der »Mann fürs Leben« ist. Zwischen euch müssen sich keine Dramen abgespielt haben, aber du spürst, dass es besser ist, die Beziehung zu beenden, um bereit zu sein für eine Liebe, die für dich maßgeschneidert und für eine höhere Ebene des Glücks und der Güte Gottes bestimmt ist.

Oder dein Partner hat beschlossen zu gehen. Vielleicht bist du nicht mehr »seine Traumfrau«, oder er hat festgestellt, dass er dich mag und sich dir immer verbunden fühlen wird, aber nicht mehr in dich verliebt ist. An diesem Punkt merkst du vielleicht, dass er Zukunftspläne schmiedet, die dich nicht länger einbeziehen. Vielleicht hat er den Wunsch, Dinge alleine zu unternehmen, während er offiziell noch an der Beziehung festzuhalten versucht, um deine Gefühle während des Trennungsprozesses nicht zu verletzen. Möglicherweise stellt er sich sogar vor, dass ihr irgendwann einmal wieder zusammenkommen könntet, aber im Moment hat er das Bedürfnis nach einer Beziehungspause. Er meldet sich von Zeit zu Zeit bei dir, um sich zu erkundigen, wie es dir geht, oder nährt sogar die Hoffnung in dir, dass seine Entscheidung, die Beziehung zu beenden, übereilt war. Fakt ist jedoch, dass du dich gar nicht erst in dieser Situation befändest, wenn er dich aufrichtig lieben würde. Wenn man jemanden liebt oder geliebt wird, ist eine Trennung das Letzte, was man in Betracht ziehen würde.

UNTREUE. *Alles*, und ich meine buchstäblich *alles*, hat ein Ende, wenn einer der Partner fremdgeht. Das Vertrauen ist zerstört. Die Loyalität wird angezweifelt. Unsicherheiten entstehen, und dein Herz wird nie mehr so unbeschwert sein, wie es war. Der Treuebruch verändert das Bild, das du von deinem Partner und deiner Beziehung hattest, und kann sogar deine Selbstwahrnehmung beeinträchtigen (wenn du es zulässt). Du kannst niemanden daran hindern, untreu zu werden. Er hat eine schlechte Entscheidung getroffen, nicht du.

Die meisten von uns kämen nicht auf die Idee, Detektiv zu spielen, um den Partner rund um die Uhr, an sieben Tagen in der Woche zu observieren, um festzustellen, was er hinter unserem Rücken treibt. Das würde zu viel Zeit, Energie und Nerven kosten. Einen »Streuner« zu verlassen erfordert Stärke, eine gehörige Portion Mut und Selbstachtung. Vielleicht hat er dich schon einmal betrogen und du hast beschlossen, der Beziehung noch eine Chance zu geben, aber es ist abermals passiert. Ein Seitensprung kann jedes Gefühl für den Partner zerstören, selbst wenn du glauben möchtest, dass er den festen Willen hat, sich zu bessern. Du lässt möglicherweise bereits physische Symptome als Reaktion auf seine Untreue erkennen, leidest beispielsweise unter Schlafstörungen und Appetitlosigkeit. Zu den mentalen Symptomen, die sich bemerkbar machen können, gehören Depressionen, posttraumatische Belastungsstörungen, Suizidgedanken und Panikattacken. Einigen ist der Gedanke, den Partner an jemand anderen zu verlieren, so unerträglich, dass sie ihn nicht angemessen verarbeiten können, vor allem wenn er weder Reue zeigt noch sich bemüht, die Vertrauensbasis wieder aufzubauen. Wenn du ihn zurücknehmen würdest, solltest du davon ausgehen, dass er bei nächster Gelegenheit wieder in sein altes Verhaltensmuster zurückfällt. Auch wenn du wissen möchtest, warum er dich betrogen hat, war sein Verhalten grundsätzlich falsch, ungeachtet der Gründe und ob es sich um einen One-Night-Stand oder eine langfristige Affäre handelt.

Lass dich nicht von seinen Ausreden einwickeln

Viele Frauen neigen dazu, sich in den Einzelheiten des Treuebruchs zu verlieren – sie wollen ganz genau wissen, mit wem er sie betrogen hat, wann und wo es passiert ist und wie oft. Nichts davon ist wichtig. Es ist egal, ob es seine Ex, eine Kollegin oder irgendeine Zufallsbekanntschaft war, und wie es passiert ist, spielt auch keine Rolle. Es ist passiert, und die Einzelheiten machen den Seitensprung nicht weniger schmerzhaft. Sie offenbaren lediglich einen Mangel an Respekt dir gegenüber. Ungeachtet dessen, wie er es drehen und wenden mag, er hat dich betrogen, und wenn nicht mit dieser Frau, dann mit irgendeiner anderen. Alles, was er brauchte, war eine günstige Gelegenheit, die sich bot.

Den Treuebruch zu entdecken mag traumatisch gewesen sein, vor allem wenn du keine Ahnung hattest. Aber du solltest es als Segen betrachten, dass Gott dir den wahren Charakter deines Partners gerade noch rechtzeitig enthüllt hat. Die Entscheidung, was du mit dieser Information anfängst, liegt ganz allein bei dir. Wenn du dich dabei erwischst, dass du klammheimlich Telefonrechnungen, Kreditkartenabrechnungen usw. durchforstest, ist das ein Hinweis darauf, dass in der Beziehung etwas nicht stimmt. Kein noch so hohes Maß an Kontrolle oder Manipulation wird ihn davon abhalten, schlechte Entscheidungen zu treffen. Er ist ein erwachsener Mann mit einem freien Willen. Du kannst ihn nicht daran hindern zu tun, wonach ihm der Sinn steht, und solltest dir bewusst machen, dass er das in genau jenem Augenblick getan hat. Wir alle haben eine Wahl, und er hat seine getroffen.

Du kannst dir einreden, sein Seitensprung sei nachvollziehbar – weil die Intimität schon eine Weile zu kurz gekommen ist, wegen der Schwangerschaft oder der Kinder, weil ihr eine Fernbeziehung oder eine kurze Pause eingelegt habt (gestern), zu unterschiedlichen Zeiten arbeitet, sodass ihr einander kaum noch zu Gesicht bekommt, weil du unlängst zugenommen (oder abgenommen) hast oder weil ihr derzeit eine schwierige Phase durchmacht. Wenn du zu der Schlussfolgerung gelangst, dass du deinem Liebsten nicht trauen kannst, wenn er sich in Gesellschaft anderer Frauen befindet oder auch nur mit seinen Freunden ausgeht, und den Verdacht hegst, dass er Zeit mit einer anderen verbringt, können diese quälenden Gedanken Grund genug sein, die Beziehung zu beenden. Viele beschließen, ihrer physischen, mentalen und emotionalen Gesundheit einen höheren Stellenwert beizumessen, als den Babysitter für einen Partner zu spielen, der kein aufrichtiges Bedauern erkennen lässt.

Wenn du diejenige bist, die den Fehltritt begangen hat, betrachtet dein Partner dieses Verhalten möglicherweise als unentschuldbar. Der Vertrauensbruch wiegt schwer, und die Art, wie er dich wahrnimmt, ändert sich. Deine Aktivitäten haben ein Gefühl der Unzulänglichkeit, Kummer, Wut, Eifersucht und heimlichen Groll in ihm hervorgerufen. Wenn er nicht bereit ist, dir aufrichtig zu verzeihen, auch wenn du dir sichtliche Mühe gibst, sein Vertrauen zurückzugewinnen, wird die Beziehung nie mehr das werden, was sie einst war. Da du das Chaos angerichtet hast, solltest du auch in der Lage sein, die Folgen deines Handelns zu akzeptieren und dich auf deine innere Heilung konzentrieren. Wenn du dein Verhalten aufrichtig bereust, ist der Zeitpunkt ideal, in dich zu gehen und zu beschließen, dass es sich nicht mit dem Menschen vereinbaren lässt, der du sein möchtest. Untreue zeugt von einer Funktionsstörung innerhalb der Beziehung; sie ist weder normal noch von Gott abgesegnet. Ein Seitensprung deutet auf selbstsüchtige, narzisstische Anwandlungen hin und endet fast immer damit, dass der Partner Wind davon bekommt, auch wenn du überzeugt warst, nicht erwischt zu werden. Egal ob du ihn als einen Racheakt für ein Fehlverhalten seinerseits oder als Kurskorrektur für deine Beziehung betrachtet hast, du solltest dich der Tatsache stellen, dass du einen Menschen verletzt hast, an dem dir früher einmal viel lag. Du solltest den Ursachen auf den Grund gehen und nach besseren Möglichkeiten Ausschau halten, mit ihnen umzugehen, sodass du zu Beginn einer neuen Beziehung das Ganze nicht noch einmal durchmachen musst.

Wie verantwortungsbewusste Liebe aussieht

Am Ende läuft alles darauf hinaus zu wissen, wie man liebt. Wenn du eine gesunde Beziehung zu dir selbst, deiner Familie und deinen Freunden hast, bist du in der Lage, auch die Liebe zu deinem Partner zum Ausdruck zu bringen – wenn er der Richtige ist. Du kannst seine Verhaltensweisen und Gefühle nicht beeinflussen, aber Sicherheit aus dem Wissen schöpfen, dass die Liebe, die euch verbindet, authentisch ist, ohne Psychospielchen und mehr als gut genug. Verantwortungsbewusste Liebe geht mit der Fähigkeit einher, Kompromisse zu schließen, ohne sich selbst zu verlieren; vergeben zu können; den Partner so zu akzeptieren, wie er ist, und gleichzeitig man selbst zu sein. Verantwortung in der Liebe zu übernehmen bedeutet darüber hinaus zu wissen, wann eine Beziehung beendet werden sollte, auch dann, wenn man den Partner noch liebt, weil Selbstachtung und Selbstwertgefühl verbieten, eine abträgliche Situation hinzunehmen. Nur weil eine Beziehung scheitert, heißt das nicht, dass deine Liebe zu ihm oder deine Liebesfähigkeit beeinträchtigt ist. In deinem Innern sollte Raum für die Erkenntnis sein, dass er nicht der Richtige war, ungeachtet der Dauer der Beziehung, des emotionalen Engagements oder der gemeinsamen Erfahrungen.

4

OJE! HAST DU JEMALS MIT DEM GEDANKEN GESPIELT?

Was man nach einer Trennung
um jeden Preis vermeiden sollte

Es spielt keine Rolle, ob du die Trennung wolltest oder nicht, jetzt gibt es kein Zurück mehr. Die Beziehung hat ihren Verlauf genommen. Vielleicht ist dir klar, warum sie in die Brüche gegangen ist, oder du hast keine Ahnung. Vielleicht hast du das Bedürfnis, es ihm heimzuzahlen, suchst immer noch krampfhaft nach Antworten, möchtest, dass ihm die Trennung nicht egal ist, wünschst dir, er möge jetzt das Gleiche empfinden wie du, willst die Kontrolle über das Geschehen gewinnen oder einfach nur wieder glücklich sein und einen Schlussstrich ziehen. Heute bist du in Hochstimmung angesichts der Trennung, morgen bedauerst du, was du gesagt hast oder wie die Beziehung endete. In der einen Minute fühlst du dich stark, vor allem im Beisein deiner Freunde, doch binnen weniger Stunden fühlst du dich einsam und grübelst darüber nach, wie es mit deinem Ex war (du weißt schon, all die wunderbaren Erinnerungen und was sich wirklich dahinter verbarg, wenn das Ganze so endete).

Im zweiten Kapitel haben wir bereits einige der Aktivitäten erwähnt, die nach einer Trennung absolut unannehmbar sind. Nun ist es an der Zeit, sich eingehender mit den Verhaltensweisen zu befassen, die du um jeden Preis vermeiden solltest, wenn du nach vorne schauen und einen echten Heilungsprozess einleiten willst. Sehen wir den Tatsachen ins Gesicht: Wenn dein Herz gebrochen ist, triffst du nicht unbedingt die besten Entscheidungen, und die Entscheidungen, die du jetzt triffst, wirken sich auf den Rest deines Weges der Genesung aus.

Falls du bereits gegen einige der Tabus oder No-Gos verstoßen hast, auf die wir gleich zu sprechen kommen, empfindest du vielleicht Bedauern, Scham, fühlst dich minderwertig oder von bestimmten Gedanken besessen und rechtfertigst diese Empfindungen damit, dass du verletzt bist.

Dennoch kannst du dich in Zukunft von solchen Aktivitäten und Gefühlen distanzieren, indem du *jetzt* beschließt, diesen Reaktionen ein für alle Mal einen Riegel vorzuschieben. Nicht erst morgen oder nachdem Soundso dies oder das getan hat, sondern umgehend. Durch die Entscheidung, auf eine Reaktion zu verzichten und dich ehrlich mit den eigenen Emotionen auseinanderzusetzen, entziehst du der Situation oder deinem Ex die Macht über dich. Es besteht keine Notwendigkeit, auf jedes Gefühl einzugehen, das auftaucht.

Es besteht keine Notwendigkeit, eine Situation heraufzubeschwören, um eine bestimmte Antwort zu erhalten, denn dadurch ändert sich nichts. Du solltest einem Menschen, der kein Teil deines Lebens mehr ist, nicht gestatten, dich zu Reaktionen zu veranlassen, die gegen deine wahre, gottgegebene Natur sind. Du hast den Schlüssel wieder in der Hand. Dein Ex sollte keinen Zugriff mehr auf deine Gefühle und Entscheidungen erhalten.

Wie gelangst du also an den Punkt, an dem du nicht mehr zulässt, dass die Verhaltensweisen oder Versäumnisse deines Ex Einfluss auf deine derzeitigen Aktivitäten nehmen? Die Antwort lautet, dass es sich um einen Prozess handelt, bei dem es ausschließlich darum geht, jede Entscheidung in jedem Augenblick an deinem Willen zur Selbstverbesserung auszurichten, statt dich mit ihm auseinanderzusetzen.

Was du nach einer Trennung nie und nimmer, unter gar keinen Umständen tun solltest

In diesem Prozess beschließt du, bewusst nicht mehr an ihn, sondern ausschließlich an dich selbst zu denken. Es gibt einige Dinge, die du niemals in Betracht ziehen solltest, wenn dir daran liegt, die Trennungsphase heil und unversehrt zu überstehen.

NUR NOCH FREUNDE SEIN. Du machst dir selbst etwas vor, wenn du glaubst, dein Ex und du könntet auf Anhieb »nur noch Freunde« sein. Warum? Jetzt komm schon, du weißt, warum. Die Trennung ist noch zu frisch. Und wenn ich »frisch« sage, meine ich nicht, dass sie erst gestern stattgefunden hat. Frisch kann einen Zeitraum von einer Minute bis zu sieben Jahren umfassen. Ja, du hast richtig gelesen. Sieben Jahre. Das ist meine Regel, die den Richtlinien bei einer Kreditvergabe gleicht. Nach sieben Jahren werden bei mir die Einträge auf der Sollseite gelöscht. In der Bibel erfolgte alle sieben Jahre ein Schuldenerlass. Alles, was sich nach sieben Jahren zuträgt, kann unter Freundschaft verbucht werden, und selbst dann solltest du dich fragen, welche Motive sich wirklich hinter dem Wunsch nach einer Freundschaft verbergen. Warum versuchst du dich davon zu überzeugen, dass es völlig in Ordnung ist, freundschaftlich verbunden zu bleiben? Du solltest dir stets vor Augen halten: Wenn einer der Partner das Interesse an einer Liebesbeziehung verloren hat, heißt das noch lange nicht, dass der andere Partner das Gleiche empfindet. Wenn beide übereinkommen, Freunde zu bleiben, klammerst du dich vielleicht an die Hoffnung, dass er seine Meinung eines Tages ändern könnte. Du erkennst es im Moment vielleicht nicht, weil du ihn unter dem Strich immer noch cool findest, aber die ständige Kommunikation mit ihm trägt nicht dazu bei, dich vorwärts zu bewegen. Frag dich ganz ehrlich, ob du ihn genauso behandeln würdest wie deine anderen männlichen Freunde. Wird er das gleiche Verhältnis zu dir haben wie zu den übrigen Frauen in seinem Freundeskreis?

Wenn der Vorschlag von ihm kommt, künftig nur noch Freunde zu sein, deutet das nur darauf hin, dass er sich den Zugang zu deinem Leben weiterhin erhalten will. Es zeigt, dass er nicht völlig loslassen und dich als Plan B oder »Notnagel« in der Hinterhand behalten möchte. Entspricht das deinen Vorstellungen? Nimm dir Zeit, um zu ergründen, ob die Freundschaft mit deinem Ex wirklich hilfreich für die Überwindung der Trennung wäre. In der Mehrzahl der Fälle lautet die Antwort: Nein.

RACHE ÜBEN. Der Schmerz ist unerträglich. Er war in der Lage, dich eiskalt abzuservieren, ohne an die Folgen in ihrer ganzen Tragweite zu denken. Du bist vermutlich überzeugt, dass du die Einzige bist, die wirklich leidet, und jetzt sinnst du auf Rache. Rache kann verschiedene Formen annehmen, angefangen damit, dass du vorgibst, bei einem anderen das große Glück gefunden zu haben, bis hin zu ausgefeilten Strategien, um dem Ex die Kinder zu entziehen. Die zeitweilige Genugtuung, die du anstrebst, ist genau das: zeitlich begrenzt. Das Problem bleibt ungelöst. Es handelt sich um eine Entscheidung, die sich an der Verletzung und nicht an der Heilung orientiert. Der Wunsch, es ihm heimzuzahlen, bringt ihn nicht aus den richtigen Gründen zu dir zurück, sondern führt nur dazu, dass er einen heimlichen Groll gegen dich entwickelt. Mit diesen Rachegelüsten lässt du zu, dass er dich beherrscht. Dahinter verbergen sich schmerzhafte, boshafte Gedanken, die dir einreden, dass ein solches Verhalten in ebendiesem Augenblick deinem Bedürfnis entspricht. Wenn du weißt, wo du mit Gott stehst, wirst du diese Gedanken über Bord werfen. Wenn du Kummer und Schmerz Einhalt gebieten willst, ist Rache keine Lösung.

KOMMUNIKATION IN DEN SOZIALEN MEDIEN. Sosehr du auch in Versuchung geraten magst, den Kontakt zu ihm aufrechtzuerhalten, eine Abhandlung über seinen wahren Charakter zu schreiben oder herauszufinden, wie gut oder schlecht es ihm wirklich geht – du solltest jede Form der Kommunikation in den sozialen Netzwerken, egal ob mit ihm oder über ihn, auf Eis legen. Wenn er dich nicht in Ruhe lässt und versucht, sich nach wie vor Zugang zu dir zu verschaffen, während du dich bemühst, dir ein neues Leben aufzubauen, besteht die beste Lösung darin, ihn gezielt auf allen Accounts zu blockieren. So hart das auch klingen mag, auf diese Weise machst du ihm in aller Deutlichkeit klar, dass du die Trennung ernst nimmst. Auch wenn er derjenige war, der sich aus deinem Leben verabschiedet hat, ist das Kappen der Verbindung zu dir oder zu ihm die wirksamste Methode, von nun an deinen eigenen Weg zu gehen (wenn du das wirklich willst). Das Ende der Kommunikation über die sozialen Netzwerke bedeutet auch, dass du den Kontakt zu seiner Familie oder seinen Freunden abbrichst, der dazu diente, Neuigkeiten über ihn zu erfahren.

Diese Regel bedarf natürlich einer Abwandlung, wenn ihr gemeinsame Kinder habt. Doch im Allgemeinen gilt: Wenn du bisher keine regelmäßige Verbindung zu seiner Familie oder seinen Freunden hattest, solltest du jetzt nicht damit anfangen. Du brauchst keine Informationen über sein derzeitiges Leben und es geht ihn nichts an, was du treibst.

IN DEN SOZIALEN MEDIEN MASSLOS ÜBERTREIBEN. Auch wenn du leidest, bedeutet das nicht, dass du es allen auf die Nase binden solltest, ganz besonders ihm. Vielleicht versuchst du auf Fotos oder in den Videos, die du ins Netz stellst, ganz besonders glücklich auszusehen. Du bist an allen angesagten Orten, gehst spannenden Aktivitäten nach und hinterlässt Status-Updates und Kommentare, die aller Welt verkünden, wie »super« du dich jetzt fühlst. Warum machst du das, wenn das sonst nicht deine Art ist? Wenn du in den sozialen Netzwerken maßlos übertreibst, wie gut es dir geht, hast du in Wirklichkeit den schnellsten Weg gewählt, allen zu zeigen, wie schlecht du mit der Trennung umgehen kannst. Du lässt erkennen, dass du nach Anerkennung hungerst und deinen Ex verletzen möchtest.

Wenn du der Meinung bist, dass es nicht um ihn, sondern um dich geht, solltest du noch einmal gründlich nachdenken: Du weißt doch, dass diejenigen, die in Verbindung mit deinem Ex geblieben sind, ihm die Neuigkeiten über dein »fantastisches« neues Leben wahrscheinlich brühwarm zutragen werden. Du solltest dir stattdessen eine Auszeit von den sozialen Medien nehmen, denn der ständige Blick auf die Beziehungen anderer Nutzer könnte dich wieder einmal zu der Frage veranlassen, warum ausgerechnet deine Beziehung gescheitert ist (vielleicht nicht zum ersten Mal). In der Welt der sozialen Medien gelangt man leicht zu der Schlussfolgerung, das Gras auf der anderen Seite des Zauns sei grüner. Bleib dir selbst treu und mach dir bewusst, dass diese Phase vorübergeht. Wenn du dich auf Eskapaden in den sozialen Medien einlässt, machst du dich nur zur Unterhaltungsquelle für andere.

UM VERSÖHNUNG BETTELN. Um Versöhnung zu betteln ist eine Verletzung der Selbstwahrnehmung, es sei denn, du warst diejenige, die den Konflikt zu Unrecht herbeigeführt und die Beziehung als selbstverständlich betrachtet hat. Hier geht es nicht um Stolz oder Ego, sondern um die Frage, warum du sie um jeden Preis fortsetzen willst. Warum verhältst du dich so, als könntest du ohne sie nicht weiterleben, obwohl sie alles andere als harmonisch war, solange sie bestand? Es gibt keinen Grund, um eine Liebe zu betteln, die dir bereits gehört. Wenn du vorher alles getan hast, was in deiner Macht stand, um sie zu bewahren, hast du dein Bestes gegeben. Denk daran, dass du zwangsläufig mit dem Partner liiert sein musst, der für dich »bestimmt« ist. Einige Beziehungen sind nichts weiter als eine Vorbereitung auf denjenigen, der dir von Gott zugedacht wurde. Auf Gottes Ratschluss zu vertrauen heißt nicht, dass du um die Wiederherstellung einer Situation bettelst, aus der ER dich in seiner unendlichen Weisheit herausgeführt hat. Ein solches Verhalten zeugt von Unsicherheit und mangelndem Vertrauen in das, was die Zukunft bereithält.

SEX MIT DEM EX. Es erübrigt sich wohl zu erwähnen, dass Sex mit dem Ex alles andere als dazu angetan ist, die Verbindung zu kappen. Ein solches Verhalten kann nur zu Verwirrung und Dramen führen und das Unvermeidliche hinauszögern, nämlich einen glatten Schnitt und einen Neubeginn. Du belügst dich selbst, wenn du glaubst, Sex mit deinem früheren Partner sei unproblematisch. Und bequem. Damit kittest du die Beziehung nicht, sondern reißt nur alte Wunden auf, wenn er früher »weiterzieht« als du. Du hältst an ihr fest, weil du dich emotional an ihn gebunden fühlst, und diese Bindung wird dadurch nur gestärkt, was die Anpassung an deine neue Lebenssituation noch unerträglicher macht. Vielleicht versuchst du dir einzureden, dass es nichts für dich bedeutet und du jederzeit damit aufhören kannst. Fakt ist, du würdest damit aufhören, wenn du es könntest, und deshalb solltest du dich erst recht bemühen, der Versuchung zu widerstehen, bevor du dich auf ein solches Verhalten einlässt.

DEN EX VERUNGLIMPFEN. Eine Trennung kann das Gefühl hervorrufen, einen Teil von sich selbst verloren zu haben. Deshalb ist es immer ratsam, den Ball flach zu halten und über die Einzelheiten der Beziehung Schweigen zu bewahren. Ich habe bereits mehrfach betont, dass die Einzelheiten nach dem Bruch keine Rolle mehr spielen. Wenn du die Entscheidung triffst, deinen Ex schlechtzumachen, lädst du andere ein, sich in deine persönlichen Angelegenheiten einzumischen. Und was sagt das schlussendlich über dich selbst aus? Schließlich hattest du ja eine Beziehung zu diesem Mann! Lästern verringert den Schmerz nicht. Und bekanntlich hat jede Geschichte zwei Seiten. Wenn du mit deinem Ex abrechnest wegen der Dinge, die er getan oder unterlassen hat, zeigst du mit dem Finger auf ihn, ohne selber Verantwortung zu übernehmen. Ihn zu erniedrigen würde für dich nur eine Möglichkeit darstellen, Genugtuung zu empfinden und die Aufmerksamkeit von deinem Beitrag zum Scheitern der Beziehung abzulenken. Die Art, wie du über jemanden sprichst, fällt direkt auf dich zurück. Der einzige Weg, mit der Trennungskrise fertigzuwerden, besteht darin, den eigenen inneren Problemen auf den Grund zu gehen. Die boshaften Äußerungen über deinen Ex werden ihm irgendwann zu Ohren kommen. Du solltest Reife zeigen und würdevoll mit dieser Phase deines Lebens umgehen.

GELD MIT VOLLEN HÄNDEN AUSGEBEN. Shoppen kann bisweilen heilsam sein, eine Möglichkeit, sich nach einer stressreichen Phase etwas Gutes zu tun. Doch wenn jemand das Geld mit vollen Händen ausgibt, will er damit meistens eine emotionale Lücke füllen. In Urlaub fahren, essen gehen und Klamotten kaufen mag sich fantastisch anfühlen, doch wenn du über deine Verhältnisse lebst, bleibt das böse Erwachen nicht aus, sobald du emotional wieder stabil bist und krampfhaft überlegst, wie du das alles bezahlen sollst, was du mit deiner Kreditkarte gekauft hast. Wenn die Zeit für einen Neustart kommt, ist das Letzte, was du dir wünschen kannst, dich mit solchen zusätzlichen Trennungskosten zu belasten. Das kann dich zurückwerfen und erneut Hoffnungslosigkeit, Wut und das Gefühl heraufbeschwören, dass ein Problem das nächste jagt.

HASSGEFÜHLE. Bei allem, was du nach der Trennung denkst und durchmachst, ist es nur zu einfach, dem Hass Raum zu geben, selbst wenn du bisher überzeugt warst, dass du dazu nie fähig wärst. Doch wenn du über das Scheitern der Beziehung zutiefst enttäuscht bist, beginnst du vielleicht deine Lebenserfahrungen auf eine Weise mit anderen zu teilen, die entmutigend wirkt. Das ist deine Art, Themen anzusprechen, die du innerlich nicht verarbeitet hast. Wenn dir jemand aus deinem Bekanntenkreis eine gute Neuigkeit mitteilt, fühlst du dich zum Beispiel verpflichtet, auf die Gefahren hinzuweisen oder sarkastische Bemerkungen zu machen. Du erteilst anderen vielleicht Ratschläge, wie sie mit einer bestimmten Person oder Situation umgehen sollten, die jedoch alles andere als ideal sind, weil sie auf deinen aufgestauten

Wutgefühlen basieren. Auch wenn du es nicht merkst, kann es anderen durchaus bewusst sein, und sie beginnen die Informationen einzuschränken, die sie dir zukommen lassen. Du möchtest doch sicher nicht die Frau sein, die wegen der unliebsamen Erfahrungen in ihrem Leben als »Männerhasserin« bekannt ist, oder?

Die beste Möglichkeit, Hassgefühle zu umgehen, besteht darin, sich selbst treu zu bleiben und sich der eigenen ungelösten Probleme anzunehmen. Wenn anderen in deinem Umfeld Gutes widerfährt und du hast nichts Positives dazu zu sagen, solltest du deine Meinung für dich behalten. Auch wenn du glaubst, andere vorwarnen zu müssen, um ihnen zu helfen, ist dieses Verhalten in Wirklichkeit ein Zeichen dafür, dass du mit der Arbeit an deinen eigenen inneren Konflikten beginnen solltest.

SCHULDZUWEISUNGEN. Das Ende einer Beziehung geht ausschließlich auf das Konto der beiden Menschen, die sie eingegangen sind. Seiner Mutter, seinen Cousins, seiner Schwester, seiner Ex, seinen Freunden oder seinem Hund die Schuld anzulasten bestätigt nur, in welchem Ausmaß du noch an der Beziehung hängst. Dein Ziel ist: *Loslassen.* Den Schwarzen Peter weiterzugeben ist ein Spiel, bei dem nur du mitmachst. Triff die bewusste Entscheidung, dich nicht darauf einzulassen, sondern herauszufinden, was schiefgelaufen ist, und an dieser Erkenntnis zu wachsen. Übernimm Verantwortung für deine Rolle in der Beziehung. Es ist unter deinem Niveau, mit Steinen zu werfen, wenn du im Glashaus sitzt. Vielleicht warst du fest entschlossen, eine Beziehung fortzusetzen, die du eigentlich längst beendet haben solltest, wie du im Grunde deines Herzens wusstest. Vielleicht hast du dir einen Partner ausgesucht, der alle Warnsignale erkennen ließ, dass er zu einer Beziehung der Art, wie sie dir vorschwebte, nicht fähig war, und hast dich trotzdem an die Vorstellung geklammert, er sei der Richtige. Dass du für deinen Anteil an der Beziehung die Verantwortung übernimmst, bedeutet jedoch nicht, dass nicht noch andere Faktoren zur Trennung beigetragen haben. Es bedeutet nur, dass du es vorziehst, dein eigenes Verhalten zu beurteilen, und dass du dir vornimmst, künftig bessere Entscheidungen zu treffen.

Wenn du mit dem Finger auf andere zeigst, wirst du immer Beziehungen anziehen, die dir eine Fortsetzung der Schuldzuweisungen gestatten, statt das Muster zu erkennen, das immer wieder aufs Neue in deinen Beziehungen aufscheint.

ESSEN UND ALKOHOL IM ÜBERMASS. Du fühlst dich elend, deshalb wird das Frustessen zu einer Möglichkeit, mit dem Kummer umzugehen. Es ist kein Beinbruch, wenn du hin und wieder einigen deiner heimlichen Laster frönst. Doch wenn du tage- oder wochenlang wahllos Essen in dich hineinstopfst, geht es dir danach um keinen Deut besser. Du betäubst deine Gefühle damit nur für eine Weile, ohne dich jemals mit den Ursachen auseinanderzusetzen. Dann findest du dich irgendwann zehn Kilo schwerer und übellaunig auf der Waage wieder. Du merkst außerdem, dass deine Lebenshaltungskosten außer Kontrolle geraten sind. Auch wenn du dir deswegen im Moment keine Sorgen machst, weil du zu niedergeschlagen bist, um dich auch noch damit zu befassen, wird sich das schlagartig ändern, wenn deine Kontoauszüge belegen, welche Summen du für Lebensmittel und Kleidung in größeren Größen ausgegeben hast. Es macht keinen Sinn, sich am Boden zerstört zu fühlen und sich eine Herzkrankheit zuzuziehen nur wegen deines Ex. Das würde sein Interesse an dir genauso wenig wiederaufleben lassen wie jetzt.

Trinken, um den Kummer zu vergessen, ist auch keine Hilfe.

Der Griff zur Flasche zieht dich nur in ein noch tieferes schwarzes Loch. Alkohol dämpft sämtliche Körperfunktionen, wodurch du dem Ziel, dich besser zu fühlen, keinen Schritt näher kommst. Im Fernsehen mag Alkohol stimmungssteigernd wirken, aber denk daran: Zwei Stunden Spaß musst du am Tag danach mit zwölf Stunden Katerstimmung oder Schlimmerem bezahlen. Lass nicht zu, dass der Alkohol die Kontrolle über dein Leben übernimmt. Du verlierst dadurch nicht nur die Selbstkontrolle, sondern setzt auch deinen Arbeitsplatz, deine Gesundheit und deine Beziehung zu Familienangehörigen und Freunden aufs Spiel. Du solltest niemandem so viel Einfluss auf deine Gefühle zubilligen, dass du keinen Einfluss mehr auf den weiteren Verlauf deines Lebens zu nehmen vermagst. Unverantwortlicher Alkoholkonsum kann zu krassen Fehlentscheidungen führen, die sich nicht mehr rückgängig machen lassen. Deine derzeitigen Gefühle sollten nicht bestimmen, wie deine Zukunft beschaffen sein wird. Mach dir deine Grenzen bewusst.

DEN EX BEI DEN KINDERN ANSCHWÄRZEN. Eine Trennung ist kein Grund, für eine negative Beziehung zwischen deinem Ex und den gemeinsamen Kindern zu sorgen, indem du ihn schlechtmachst. Was sich zwischen dir und ihm zugetragen hat, steht auf einem ganz anderen Blatt als seine Entscheidung, ob er den Kontakt zu seinem Kind/seinen Kindern halten und ihm/ihnen ein guter Vater sein möchte. Die Situation als Mutter erfordert Reife deinerseits. Versuch dein Bestes, um deinen Kummer und Schmerz von den Kindern fernzuhalten, denn alles, was du sagst oder tust, beeinflusst ihre Sichtweise und ihre Interaktionen mit dem Vater. Wenn du ihn ständig bei den Kindern anschwärzt, bist du im Opfermodus. Höchstwahrscheinlich schilderst du das Geschehen nur aus deiner Perspektive, sodass du diejenige bist, die nichts falsch gemacht hat (wenn dem wirklich so wäre, würdest du nicht das Bedürfnis verspüren, bei den Kindern immer wieder das gleiche Thema anzusprechen). Deine Kinder spüren das und fühlen sich möglicherweise verantwortlich, dafür zu sorgen, dass es dir besser geht, obwohl es nicht ihre Aufgabe ist, Hüter deines emotionalen Wohlbefindens zu sein. Dazu kommt, dass du unweigerlich dazu beiträgst, dass sie die Schuld an deiner Wut bei sich selber suchen, wenn du bei ihnen Dampf über ihren Vater ablässt. Entweder lassen sie sich von deiner Wut anstecken und richten sie gegen sich selbst, oder sie bemühen sich verzweifelt, keine der Eigenschaften ihres Vaters zu zeigen und dir ständig zu beweisen, dass sie ganz anders geartet sind.

Du solltest die Beziehung zu deinen Kindern strikt von den bitteren Gefühlen gegenüber deinem Ex als Partner oder Vater trennen. Kinder fühlen sich unwohl in der Gesellschaft von negativen und kleinlich aufrechnenden Menschen, und irgendwann gehen sie auch dir nach Möglichkeit aus dem Weg. Ungeachtet dessen, was zwischen dir und deinem Ex passiert ist oder passiert, sei ein Vorbild und zeig deinen Kindern, wie man mit Verletzungen umgeht. Sie beobachten genau, wie du reagierst, und registrieren alles, was du sagst.

KOMMUNIKATION MIT DER EX DEINES EX. Im Verlauf der Beziehung hast du vielleicht einiges über die Verflossene deines Ex erfahren. Dein Partner hat dir vielleicht erzählt, wie boshaft sie war, warum sie dich hasst und aus welchen Gründen die Trennung erfolgte. Vielleicht ist dir auch im Freundes- und Familienkreis das eine oder andere zu Ohren gekommen. Vielleicht bedauerst du sie, weil sie immer noch versucht, seine Aufmerksamkeit auf sich zu lenken, oder du kannst nicht mit ihrem Hass auf dich umgehen. Vielleicht gehört sie sogar zu den vielen Faktoren, die zum Beziehungsaus beigetragen haben. Doch obwohl der Vorhang gefallen ist, klammerst du dich immer noch an die Einzelheiten und suchst vielleicht bei der Verflossenen deines Ex nach Antworten.

Du ziehst in Betracht, Kontakt zu einer Frau aufzunehmen, die du bedauerst, fürchtest oder verachtest, um Erkundigungen einzuziehen? Und selbst wenn deine Gefühle ihr gegenüber neutral sind, ist das keine gute Idee. Wenn du nicht vor der Beziehung mit ihr befreundet warst, besteht kein Grund, dich jetzt an sie zu wenden. Zugegeben, du hättest vermutlich gerne jemanden, mit dem du über ihn lästern, Geschichten abgleichen, mehr Informationen sammeln und die Ähnlichkeiten und Unterschiede in den Beziehungen zu ihm unter die Lupe nehmen kannst. Es würde ihn vermutlich wütend machen zu erfahren, dass du dich mit seiner Ex zusammengetan hast, um über ihn zu reden, und vielleicht bezweckst du ja genau das. Vielleicht ist es dir aber auch ein Herzensbedürfnis, deinen Verdacht bestätigt zu sehen und herauszufinden, was Lüge war und was nicht. Doch selbst nachdem du alle gewünschten Auskünfte erhalten und die mentalen Notizen verglichen hast, kannst du ihn damit weder ändern noch den Schmerz hinter dir lassen. Das ist nur deine Art, an einer Beziehung festzuhalten, die längst erloschen ist. Falls du vorhast, ihn mit den neuen Informationen zu konfrontieren, solltest du im Vorfeld über das gewünschte Ergebnis nachdenken. Was immer du dir auch davon versprechen magst, du wirst es nicht von ihm bekommen. Du investierst lediglich eine Menge Energie in eine Situation, die sich nicht wiederbeleben lässt.

Wenn du neu durchstarten willst, kannst du nicht in der Vergangenheit verharren. Mit dem Versuch, dich mit seiner Ex anzufreunden, klopfst du nur an Türen, die besser geschlossen bleiben, damit der Heilungsprozess beginnen kann. Mit den Geschichten und Neuigkeiten, die du erfährst, verletzt du dich selbst. Wenn du den Kontakt zu seiner Verflossenen suchst, sträubst du dich innerlich gegen die Vorstellung, dein Leben ohne ihn fortzusetzen. Selbst wenn seine Ex irgendwann einmal versucht haben sollte, sich mit dir in Verbindung zu setzen, macht das dein augenblickliches Verhalten um keinen Deut besser. Zeig aller Welt, dass du eine reife Frau bist, die beschlossen hat, das Beziehungsaus zu akzeptieren und ihren eigenen Weg zu gehen, ohne Tricks und Psychospielchen. Überlass es Gott, dir zu deinem Recht auf einen besseren Partner und ein erfüllteres Leben zu verhelfen.

FREUNDSCHAFT MIT SEINEN FREUNDEN SCHLIESSEN. Ein Motto, nach dem ich mein Leben ausrichte, lautet: »Wenn eine Trennung erfolgt, dann bezieht sie auch seine Familie und Freunde mit ein.« Das Ende einer Beziehung ist kein Zuckerschlecken, und normalerweise führt es dazu, dass dein Ex und du getrennte Wege gehen. Und was ist mit seinen Freunden? Nun, frag dich einmal, warum du den Wunsch haben solltest, mit den Freunden deines ehemaligen Partners Verbindung aufzunehmen, wenn du keinen Kontakt zu ihnen hattest, solange die Beziehung bestand. Die Antwort liegt auf der Hand: Weil du immer noch ein Teil seines Lebens sein willst!

Freundschaft mit seinen Freunden zu schließen ist ein riskanter Schachzug. Du hast es gerade erst geschafft, dich aus einer schmerzhaften Situation mit deinem Ex zu befreien. Warum willst du dich jetzt in eine prekäre Situation mit seinen Freunden begeben? Dein Verhalten ist nicht nur für ihn, sondern auch für seinen Freundeskreis unangenehm. Freunde ergreifen gewöhnlich Partei und verhalten sich loyal demjenigen gegenüber, mit dem sie ursprünglich befreundet waren (in der Regel derjenige, den sie am längsten kennen). Da der Ex der gemeinsame Nenner zwischen dir und seinen Freunden ist, läufst du Gefahr, noch mehr Dramen und Chaos heraufzubeschwören, wenn du dich nach der Trennung bei seinen Freunden anbiederst. Nimm dir die Zeit, um deine wahren Motive zu ergründen. Siehst du darin eine Möglichkeit, in seinem Leben präsent zu bleiben? Willst du ihn verletzen? Seine wahren Freunde werden erkennen, was du damit bezweckst, und über deine Versuche lachen, sodass du dich nur zum Gespött machst. Das ist weder der richtige Weg, sich ein neues Leben aufzubauen, noch geht es an, seine Freunde in das Trauerspiel mit ihm hineinzuziehen. Gleich ob du auf Versöhnung oder durch Herumschnüffeln auf Informationen über ihn hoffst – mit dem Versuch, seine Freunde einzuspannen, um dein Ziel zu erreichen, handelst du dir nur weiteren Kummer ein.

Wenn du beschließt, den Blick in die Zukunft zu richten und dich von der Vergangenheit zu lösen, die du ein für alle Mal ruhen lassen solltest, wird dir klar, dass keine dieser Verhaltensweisen dazu beiträgt. Wenn du entscheidest, *etwas für dich selbst* zu tun und dich auf deinen Heilungsprozess zu konzentrieren, heißt du zuträglichere Beziehungen willkommen, weil du einen Schlussstrich unter Psychospielchen und Fehler ziehst und dafür sorgst, dass die Selbstfürsorge allerhöchste Priorität erhält.

5

SEUFZ –
ALLES ZURÜCK AUF ANFANG

Es braucht viel Mut, wieder von vorne anzufangen und jemand anders kennenzulernen, aber es erfordert noch mehr Mut, bei null zu beginnen und dich selber von Grund auf kennenzulernen. Klingt schwierig, ist aber nicht unmöglich. Es ist Zeit für einen Perspektivwechsel. Auch wenn die Beziehung beendet ist, verlierst du nichts, was wirklich wichtig wäre. Ganz im Gegenteil, du gewinnst etwas hinzu: Selbstwahrnehmung. Du entdeckst einen neuen Ansatz, die Welt zu genießen. Du hast die Chance, auf andere, tiefere Weise zu lieben. Du erhältst die Möglichkeit, ein neues Selbst voranzubringen, ein besseres Selbst. Deshalb ist es an der Zeit für einen Neuanfang.

Freiheit durch Vergebung

Ein Neustart gelingt am besten, wenn du inneren Frieden gefunden hast, und dieser Prozess beginnt mit der Bereitschaft zu vergeben. Ja, VERGEBUNG. Ungeachtet dessen, was geschehen sein mag, was dein Ex getan oder unterlassen hat, du solltest in der Lage sein, alles loszulassen, indem du ihm verzeihst. Vermutlich denkst du jetzt: »Schon wieder jemand, der mir einreden will, ich müsse lernen zu verzeihen, obwohl ich noch nicht so weit bin.« Das verstehe ich, aber du solltest dir bewusst machen, dass diese Aussöhnung mit der Vergangenheit unabdingbar ist, um auf den Weg der Genesung zu gelangen. Es ist unabdingbar, sich selbst und Gott zu sagen, dass du die Entscheidung getroffen hast, Kummer und Schmerz loszulassen. Dass du die Entscheidung getroffen hast, Wut, Kränkung, Ekel und Schmerz als Ballast wahrzunehmen und ein für alle Mal über Bord zu werfen.

Du bist die Einzige in der Beziehung, die leidet. Alles, was dich verletzt oder wütend macht, richtet sich gegen deine Seele, und deshalb erleidest du schier unerträgliche Seelenqualen. Es entspricht nicht der wahren Natur der Seele, Wut oder Ärger zu empfinden, deshalb erkrankt die Seele und damit auch der Geist, wenn sie zu lange gezwungen sind, diesen Zustand zu ertragen. Das beste Heilmittel ist Vergebung. Vergebung befreit. Vergebung ermöglicht dir, erneut zu lieben. Und nur durch Vergebung wird dir die Chance zuteil, deinen Selbstwert vorbehaltlos zu ergründen. Wenn du verzeihen kannst, sagst du dir, dass du als Mensch zu wertvoll bist, um in einem von Chaos und Qualen geprägten Zustand zu verharren. Du erkennst, dass du ein Kind Gottes bist mit der Fähigkeit, dich jederzeit daraus zu befreien. Du triffst die bewusste Entscheidung, in SEINEM Geiste frei zu sein statt durch Hass gebunden.

Vergebung ist gleichwohl ein Prozess, genau wie alles, was mit einer Trennung einhergeht. Wenn du in der einen Minute glaubst, deine Kümmernisse losgelassen zu haben, und in der nächsten Minute die alte Wut wieder aufflammt, solltest du das Verzeihen täglich üben, bis du unwiderruflich verziehen hast. Um täglich verzeihen zu können, gilt es, die Bürde abzulegen, die dich in Zusammenhang mit einer bestimmten Person belastet. Akzeptiere die Situation so, wie sie ist, und beschließe, dass du ihm von nun an jeden Tag alles Gute wünschst. Vergib dir selbst, indem du akzeptierst, dass jeder Tag ein neuer Tag ist, der dir die Gelegenheit bietet, es richtig zu machen. Vergib dir selbst, indem du dir vor Augen führst, dass du nicht gezwungen bist, die Fehler der Vergangenheit in Zukunft zu wiederholen. Vergib dir selbst, indem du zu deinen Fehlern stehst und dir bewusst machst, dass sie ein Teil deines Bestrebens sind, dich weiterzuentwickeln und in ein besseres Selbst hineinzuwachsen. Leg den Schmerz in Gottes Hand und bitte darum, ihn in inneren Frieden zu verwandeln.

Alte Verletzungen und Lasten loslassen

Ein Neustart erfordert zwingend, alte Verletzungen und Lasten loszulassen. Es ist an der Zeit, die Verletzungen, denen du nie eine Heilungschance eingeräumt hast, und die Probleme loszulassen, die du auf deinem Weg aufgesammelt, aber nie verarbeitet hast. Sie führen zu nichts. Es gilt, alles loszulassen, was dich belastet. Das ist nur Ballast, der dich nicht weiterbringt. Du musst bereit sein, diese Probleme zur Kenntnis zu nehmen und dir einzugestehen, dass du sie bereits viel zu lange mit dir herumschleppst. Egal ob es sich um oberflächliche oder tief verwurzelte Probleme handelt, es ist an der Zeit, dich ihrer anzunehmen. Es spielt keine

Rolle, ob es um das Thema Kommunikation, Vertrauen oder Selbstbild geht. Sieh der Tatsache ins Auge, dass du sie in die hinterste Ecke deines Bewusstseins verbannt hast. Beraume ein inneres Großreinemachen an, bei dem du nun auch das einschließt, was du unter den Teppich gekehrt hast. Bei sich selbst mit den Aufräumarbeiten anzufangen ist perfekt.

Dieser Schritt mag sich anfangs nicht besonders gut anfühlen, aber er gestattet dir loszulassen, was du nicht mehr ändern kannst, und Kapitel zu schließen, die von vornherein nicht verdienten, mit einem Lesezeichen versehen zu werden. Du sorgst für dich selbst. Du gehst Probleme an, die du bisher tunlichst vermieden hast. Du lässt all jene Fragen endgültig ruhen, auf die du – vielleicht oder vielleicht auch nicht – eine Antwort bekommen könntest, und gibst dich damit zufrieden. Du stehst zu den Narben, die du davongetragen hast. Du bist fähig, dein wahres Selbst in vollem Umfang zurückzugewinnen. Du erlaubst all deinen alten Verletzungen, in der richtigen Weise zu heilen. Du ergreifst die Chance, dich von deinem emotionalen Gepäck vorwärts katapultieren, statt dich von seinem Gewicht niederdrücken zu lassen. Was dich früher gekränkt hat, kann nicht mehr gegen dich verwendet werden, weil du einen positiven Aspekt darin siehst und deinen Weg zu Heilung und Liebe unbeirrt fortsetzen kannst.

Unterschiedliche Wertmaßstäbe: Das Nichtverhandelbare auflisten

Wenn du dir bewusst machst, was in deinem tiefsten Innern vor sich geht, verstehst du, warum du dich zu bestimmten Menschen und Situationen hingezogen fühlst. Was hast du an einem bestimmten Männertypus so unwiderstehlich gefunden, statt dir zu sagen, dass du lieber die Finger von ihm lassen solltest? Wie war dein emotionales Befinden zu diesem Zeitpunkt deines Lebens, und warum hat es dazu geführt, anfällig für unerwünschte Situationen zu sein? Wenn wir uns verletzlich fühlen und den richtigen Weg zur Genesung noch nicht gefunden haben, sind wir eher geneigt, bestimmten Menschen Zugang zu unserem Leben zu gewähren. Eine Öffnung, die uns leichtfällt, unterm Strich aber den größten Schaden an Geist und Seele anrichten kann.

Vielleicht bist du jemandem in einer Phase begegnet, in der du befürchtet hast, keine Kontrolle mehr zu besitzen und alles zu verlieren, was dir wichtig war. Dieser Jemand hat dich zum Lachen gebracht, in seinen Bann gezogen und von den Schattenseiten in deinem Leben abgelenkt. Alles schien gut zu sein. Aber er war Raucher und du rauchst nicht. Er war gewalttätig in einer früheren Beziehung (behauptet aber, dass er sich geändert hat), und du hast dir immer geschworen, dich nie mit einem Mann einzulassen, der Frauen respektlos behandelt. Doch du hast beschlossen, diese Mängel zu übersehen in der Hoffnung, dass dieses Mal alles anders sein würde. Das Glück, das du zeitweilig empfunden hast, war besser als der Schmerz, der zu schwer wog, um sich mit ihm auseinanderzusetzen. Du weißt nicht, dass sich das, was du in dein Leben hineingelassen hast, langfristig als Problem erweisen wird, möglicherweise noch größer als das, mit dem du dich derzeit konfrontiert siehst. Du beginnst, emotional in die Beziehung zu investieren, ohne es auch nur zu bemerken. Das bezeichnet man als »schleichende Entwicklung«. Deine Abwehrmechanismen sind außer Kraft gesetzt, und alles, was sich zeitweilig gut anfühlt, schleicht sich ein, um später schwerwiegende Schäden anzurichten.

Es ist an der Zeit, die Messlatte höher zu legen und sich an deine Wertmaßstäbe zu erinnern, ungeachtet aller Gefühle und

Empfindungen. Sie sind dazu da, dich zu schützen. Stell dir diese Wertmaßstäbe als eine Art Qualitätskontrolle vor. Die Nahrungsmittel, die du zu dir nimmst, und die Produkte, die du kaufst, müssen bestimmte Qualitätskriterien erfüllen, um in den Handel zu gelangen, und im Anschluss müssen sie deinen Qualitätsvorstellungen entsprechen, damit du sie kaufst. Wertmaßstäbe gewährleisten, dass sich ein Mensch als jemand qualifiziert, mit dem du kommunizieren, bei dem du dich engagieren und dem du dich öffnen möchtest. Deine Wertmaßstäbe dienen als Sicherheitskontrolle, die alle passieren müssen, um Zutritt zu deinem Leben zu erhalten und den Aufbau einer emotionalen Bindung zu ermöglichen.

Ich möchte an dieser Stelle innehalten und hinzufügen, dass ein großer Unterschied zwischen Wertmaßstäben und Vorlieben besteht. Eine Vorliebe muss keine unabdingbare Anforderung sein und wird normalerweise im Rahmen physischer Merkmale eines Menschen zum Ausdruck gebracht (beispielsweise: »Mir sind Blonde lieber als Rothaarige«).

Die Frage, die du dir jetzt stellen solltest, stützt sich also auf das Wissen um deine Wertmaßstäbe. Sind sie fest genug verankert, um als Schutz zu dienen? Hier einige Beispiele für die Kriterien, die dein Partner erfüllen sollte:

◆ Er ist zielorientiert.
◆ Er hat einen guten Ruf.
◆ Er besitzt ein gesundes Selbstwertgefühl.
◆ Er stellt hohe Anforderungen.
◆ Er ist fähig, konstruktive Kritik zu üben.
◆ Er betrachtet dich nicht als Belastung.
◆ Er ist bereit, aktiv an der Beziehung mitzuarbeiten.

Schauen wir uns die einzelnen Anforderungen genauer an.

ER IST ZIELORIENTIERT. Er strebt spirituell und mental nach Selbstverbesserung. Er hat ein klares Bild von sich selbst und seiner Zukunft entwickelt. Er legt keinen Zwischenstopp in seiner Komfortzone ein oder richtet sich auf Dauer in ihr ein. Er ist in der Lage, die Richtung einzuschlagen, die Gott ihm gewiesen hat, und steht fest in seinem Glauben. Wenn ein solcher Mann bereit ist, Zeit und Mühe in sich selbst zu investieren, dann wird er auch bereit sein, Zeit und Mühe in die Beziehung zu dir zu investieren, wenn er dich liebt.

ER HAT EINEN GUTEN RUF. Das mag vielen nicht besonders wichtig erscheinen, aber für jemanden, der Wert auf eine tadellose Reputation legt, ist dieser Punkt durchaus von Belang. Du möchtest doch notorische Schürzenjäger und Herzensbrecher von deiner Liste streichen, oder? Ja, Menschen können sich durchaus ändern, aber das gelingt nicht immer. Und glaube ja nicht, er würde sich ausschließlich deinetwegen ändern. Menschen ändern sich, weil sie es selber wollen, und nicht weil andere es verlangen. Ein guter Ruf im Kreis von Freunden, Bekannten und Verwandten ist ein wichtiger Faktor, den du bei der Wahl eines Gefährten in Betracht ziehen solltest.

ER BESITZT EIN GESUNDES SELBSTWERTGEFÜHL. Das Ausmaß des Selbstwertgefühls kann einen prägenden Einfluss auf viele Verhaltensweisen deines Partners haben, die guten wie die schlechten. Um sich ein Bild zu machen, an welcher Stelle der Skala sein Selbstwertgefühl rangiert, solltest du darauf achten, wie er über sich selbst spricht und wie er sich selbst und andere Menschen behandelt, die ihm nahestehen. Eine gesunde Portion Selbstwertgefühl kommt auch dir zugute. Er kann dir das Gefühl geben, die schönste Frau der Welt zu sein, oder dir ständig vorhalten, wie glücklich du dich schätzen darfst, ihn zu haben. Mangelndes Selbstwertgefühl manifestiert sich in Unsicherheiten, und es bleibt dir überlassen zu ergründen, ob du bereit bist, dieses Defizit hinzunehmen. Die Wertschätzung, die er für sich selbst empfindet, wird maßgeblich darüber entscheiden, wie er dich behandelt und welche Rolle er als Mann in deinem Leben zu spielen vermag.

ER STELLT HOHE ANFORDERUNGEN. Das könnte man – fälschlicherweise – mit Selbstwertgefühl verwechseln. Wenn jemand hohe Anforderungen stellt, sagt er damit jedoch aus, dass er nicht alles akzeptiert. Er ist nicht verzweifelt auf der Suche und legt Wert auf Qualität in seinem Leben. Die Latte hoch zu legen ist seine Art, sich zu schützen. Er hat bestimmte Erwartungen, weil er eine bestimmte Lebensweise bevorzugt, und wenn er sich für dich entschieden hat, bist du für ihn etwas Besonderes.

ER IST FÄHIG, KONSTRUKTIVE KRITIK ZU ÜBEN. Du bist vielleicht überrascht, dass dieses Kriterium ein Muss ist, doch das hat seine Richtigkeit. Du brauchst keinen Jasager, sondern jemanden, der Ja und Nein abwägen kann. Du brauchst jemanden, der dir hilft, die nächste Stufe im Selbstverbesserungsprozess zu erreichen. Schauen wir den Tatsachen ins Auge: Niemand ist perfekt, auch du nicht, und wenn er in der Lage ist, konstruktive Kritik zu üben – Daumen hoch, und zwar beide! Er muss wissen, auf welche Weise er mit dir reden sollte, um dich zum Zuhören zu veranlassen. Das gilt auch im umgekehrten Fall. Bist du imstande, konstruktive Kritik an ihm zu üben? Wie reagiert er darauf? Lässt seine Reaktion Reife erkennen?

ER BETRACHTET DICH NICHT ALS BELASTUNG. Wenn du ihn um etwas bittest, sollte er nicht den Märtyrer spielen. Er sollte dir nicht das Gefühl vermitteln, dass er dich oder einen Teil deines Lebens als Belastung empfindet. Wenn du möchtest, dass er dich zu einer Veranstaltung begleitet, sollte er zusagen, ohne den Anschein zu erwecken, als sei das zu viel verlangt. Er sollte bereit sein, alles zum Teil seines Lebens zu machen, was dich betrifft, denn es ist ein Teil von dir.

ER IST BEREIT, AKTIV AN DER BEZIEHUNG MITZUARBEITEN. Eine Beziehung erfordert Arbeit. Regst du dich häufig darüber auf, dass er nicht mehr so ist, wie er »früher einmal war«? Was du am Anfang der Beziehung hattest, kann von Dauer sein, kann sich aber auch ändern, und das ist oft der Fall. Was zählt, ist, dass *beide* Partner gewillt sind, die erforderliche Arbeit zu leisten, um die Beziehung aufrechtzuerhalten, auch dann, wenn sich einer der beiden im Lauf der Zeit verändert. Wenn ihr euch Mühe gebt, miteinander zu kommunizieren und einander zu verstehen, verhaltet ihr euch so, wie man es von zwei Menschen erwarten kann, die sich einem gemeinsamen Ziel verschrieben haben.

Fortschritte erfordern Aufgeschlossenheit für Neues

Ein Neustart setzt Aufgeschlossenheit für das voraus, was die Zukunft bringt. Es ist leicht, in bestimmten Bahnen zu denken und strikt an den eigenen Vorstellungen festzuhalten. Aufgeschlossenheit bedeutet, dass du nach wie vor deine eigenen Maßstäbe hochhältst, aber auf das Gesamtpaket achten solltest, in das sie möglicherweise eingebunden sind. Ein bestimmtes »Beuteschema« hindert dich vielleicht daran, Männer kennenzulernen, die ihm nicht entsprechen, und neue Facetten der großen weiten Welt zu erforschen, in die Gott dich versetzt hat. Dazu kommt:

Wenn alle dein Beuteschema kennen, wie reagierst du dann, wenn man dich nur mit groß gewachsenen blonden Musikern bekannt macht, dir aber den kleinen Aktienhändler mit den braunen Haaren vorenthält, der perfekt zu dir passen würde? Auch hier ist es wieder vollkommen in Ordnung, Wertmaßstäbe und Vorlieben zu haben, aber du solltest offen genug bleiben, um zu erkennen, dass die göttliche Vorsehung dir etwas zu präsentieren vermag, was dir in ebendiesem Augenblick besser entspricht. Eine Verbindung mit dem Mann deiner Träume hätte vielleicht vor fünf Jahren funktioniert, doch das muss heute nicht mehr der Fall sein. Was sogar zu hoffen ist, denn ansonsten hättest du dich in dieser Zeit keinen Deut weiterentwickelt.

Vielleicht fragst du dich jetzt, warum wir über Aufgeschlossenheit reden, just in dem Moment, in dem du damit beschäftigt bist, in dich zu gehen. Aufgeschlossenheit ermöglicht dir, das Leben auch weiterhin als Lehrmeister zu betrachten, statt dir einzureden, dass du nicht mehr an diesem Aspekt des Lebens teilhaben willst, den Gott als Liebe bezeichnet. Aufgeschlossenheit erfordert nicht, deine Selbstschutzmechanismen abzubauen, sondern Neues mit Bedacht auszuprobieren, das Leben und andere Elemente dieser Welt zu erkunden, die es für dich noch zu entdecken gilt. Wenn du offen bist für die Freuden des Lebens, entdeckst du neue Aspekte deines Selbst, wirst achtsamer für die innere Schönheit und die Schönheit all dessen, was dich umgibt. Diese Eigenschaft, die dir ein inneres Strahlen verleiht, zieht ihrerseits die richtigen Leute und Situationen an.

Kopflastigkeit kann unheilvoll sein

Da du nun entschlossen bist, neu durchzustarten, ertappst du dich vielleicht dabei, dass du fortwährend über alles Mögliche nachdenkst, *was geschehen könnte*. Kopflastigkeit wurzelt in Ängsten und Altlasten, die du noch im Gepäck hast. Statt sie über Bord zu werfen, schleppen wir sie mit uns herum und tauchen in Szenarien ein, die vielleicht nie eintreten werden. Wir können uns in solchem Maß darin verlieren, dass wir den gegenwärtigen Augenblick verpassen und den Lauf des Schicksals verhindern, den Gott in die Hand genommen hat. Wegen der unzähligen Gedanken, die dir durch den Kopf gehen, ist das Leben für dich keine Erfahrung mehr, die einem natürlichen kreativen Fluss der Entwicklung folgt, sondern ein vom Verstand gesteuerter durchkalkulierter Prozess. Kopflastigkeit kann Ängste und sogar Depressionen auslösen; du ziehst es vor, den Weg bereits im Vorfeld zu konzipieren, den du in einer bestimmten Situation einschlagen könntest, statt es Gott zu überlassen, ihn zu bahnen. Kopflastigkeit ist eine unerwünschte Krankheit, die zur Folge haben kann, dass du dein schlimmster Feind statt dein bester Freund wirst.

Du solltest daher lernen, jeden Augenblick so zu nehmen, wie er ist. Du solltest lernen, dich selbst so zu lieben, wie du bist. Mach dir bewusst, dass alles, was dir zugedacht ist, dir für immer zugedacht sein wird, ungeachtet dessen, was im Augenblick geschieht; also verscheuch es nicht mit deiner Kopflastigkeit. Kopflastigkeit ist eine Form der Selbstsabotage. Dein Verstand versucht, in jeder Situation die Kontrolle zu erlangen. Du lebst nicht in Harmonie mit dir selbst und allem, was ist, sondern befindest dich in einer permanenten Erwartungshaltung, auf Gedeih und Verderb deinen Gedanken ausgeliefert. Damit blendest du alles Gute aus, das in ebendiesem Augenblick direkt vor deinen Augen geschehen könnte, weil du dir diesen Augenblick anders vorgestellt hast, so als wäre das, was tatsächlich geschieht, nicht gut genug.

Unterbrich den unablässigen Strom deiner vorauseilenden Gedanken und akzeptiere die Wirklichkeit als das, was sie ist. Wirklichkeit ist das, was du fühlst. Wirklichkeit ist das, was geschieht. Du setzt dein Leben fort, indem du dich fortbewegst. Lass dich nicht von deinen Ängsten und früheren Enttäuschungen in einen Zustand der Kopflastigkeit hineinmanövrieren, indem du ständig darüber nachgrübelst, wie es jetzt weitergehen könnte. Du fängst noch einmal ganz von vorne an. Deshalb ist es an der Zeit loszulassen, was immer dich auch davon abhalten mag, ein besseres, erfüllteres Leben für dich selbst zu akzeptieren.

In die Vollen gehen

Während des Genesungsprozesses ist es ungeheuer wichtig, Zeit mit Freunden zu verbringen, die dich aufmuntern und Erstaunliches bewirken können. Sie führen dir vor Augen, was für ein wertvoller Mensch du bist. Sie unterstützen dich beim Übergang von der Herzschmerz- in die Heilungsphase. Wahre Freunde gehen sorgsam mit deinem Herzen um und hören dir aufmerksam zu. Gönn dir eine gesunde Dosis Kontakt zu den Menschen, die dich in einem besseren Zustand erleben möchten.

Wie bereits gesagt solltest du *keinesfalls* den Kontakt und eine Freundschaft zu deinem Ex in Betracht ziehen. Solange nicht sieben Jahre oder mehr vergangen sind und ihr beide kein neues Leben begonnen habt, ist das ein absolutes No-Go! Wenn es für dich und für ihn die wahre Liebe war und die Verbindung zwischen euch unverbrüchlich ist, gibt es zu diesem Zeitpunkt noch keinen Raum für Freundschaft. Sich einzureden, Freundschaft sei unmittelbar nach der Trennung möglich, ist schlicht und ergreifend Augenwischerei. Das wäre nur ein Versuch, ihn in deinem Leben zu halten und umgekehrt. Du redest dir damit grundlegend ein, dass du nicht loslassen kannst, und was noch schlimmer ist, dass du nicht loslassen willst.

- Das könnte passieren, wenn du versuchst, mit deinem Ex befreundet zu bleiben:
- Die Person, die »befreundet« bleiben möchte, rechnet insgeheim mit der Möglichkeit, dass irgendwann doch wieder mehr daraus werden könnte.
- Beide schwelgen am Ende in Erinnerungen und lassen sich auf Aktivitäten ein, die sie bereits beendet hatten.
- Derjenige, der dem anderen ein Unrecht zugefügt hat, gelangt zu der Überzeugung, dass es so schlimm nicht gewesen sein kann, und lernt nichts daraus.

Du brauchst Zeit, um durchzuatmen, und im Verlauf des Neubeginns solltest du sie daher mit dir selbst und mit deinen Freunden verbringen. Falls du wankelmütig wirst, dich ungebührlich oder in einer Weise verhältst, die dir überhaupt nicht ähnlich sieht, werden wahre Freunde dich darauf aufmerksam machen. Sie können es nicht ertragen, dich leiden zu sehen, und werden alles tun, um dich in dieser Phase aufzumuntern.

Selbstzweifel: Schleunigst über Bord werfen

Eine der größten Hürden auf dem Weg in ein neues Leben sind Selbstzweifel. Ein Teil deines Verstandes wird versuchen, dir alles vor Augen zu führen, was du getan haben könntest, um die Beziehung zu retten. Er wird dir zuflüstern: »Wenn ich doch nur ...«, »Vielleicht habe ich nicht genug ...« oder »Ich weiß, dass es mein Fehler war ...« Trotz aller Gedanken, wie du den Lauf des Geschehens verändert haben könntest, ist nicht daran zu rütteln, dass es gekommen ist, wie es kommen musste. Möglicherweise überlegst du: »Vielleicht habe ich das Ganze missverstanden ...«, »Vielleicht habe ich überreagiert ...« oder »Das hätte ich ihm nachsehen können ...« Wenn es das Schicksal vorgesehen hätte, dass die Beziehung hält, hätte sie gehalten. Selbstzweifel rufen leicht die falschen Gedanken über sich selbst auf den Plan, die das Kommando über deine Gegenwart und deine Zukunft übernehmen. Wenn du dich selbst infrage stellst, sagst du damit nur, dass du deinen Entscheidungen nicht traust, dass deine Instinkte trügerisch sind und dass du irrational reagiert hast.

Selbstzweifel lähmen. Sie haben zur Folge, dass wir auf der Stelle treten. Du denkst vielleicht, dass es unter Umständen besser gewesen wäre, sich nicht zu trennen (wenn du es warst, die Schluss gemacht hat). Selbstzweifel bewirken, dass du immer wieder die Vergangenheit unter die Lupe nimmst, statt zu klären, warum du dich selbst infrage stellst. Selbstzweifel führen dazu, dass du die Verteidigung für die Konflikte in der Beziehung übernimmst und sie kleinredest. Was deinen Selbstzweifeln zugrunde liegt, sind deine eigenen Unsicherheiten, der mangelnde Glaube an deine Entscheidungen und an dich selbst. Wenn du an dir selbst zweifelst, sagst du dir, dass du nicht gut genug bist. Doch gerade jetzt ist es wichtig, dein Selbstwertgefühl zu stärken.

Verräterische Gefühle: Nicht kaschieren

»Ich muss ihm sagen, was ich empfinde.« Du musst nicht. Er kann sich vermutlich genau vorstellen, was du empfindest, wenn du deine Gefühle auch während der Beziehung offen zum Ausdruck gebracht hast. Und wenn nicht, ist jetzt nicht der richtige Zeitpunkt für solche Enthüllungen. Vermutlich fragst du dich jetzt: »Warum heißt es in der Überschrift ›Nicht kaschieren‹, wenn ich mit meinen Gefühlen hinter dem Berg halten soll?« Ich meine damit, Gefühle weder vor dir selbst noch vor Gott zu kaschieren.

Hör auf, dir einzureden, dass alles in bester Ordnung ist, wenn es nicht der Wahrheit entspricht. Stürz dich nicht in irgendwelche Aktivitäten, beispielsweise in Arbeit, um deinen Gefühlen zu entkommen und dich deinen Problemen nicht stellen zu müssen. Zuerst gilt es zu lernen, für dich selbst da zu sein. Du musst deine beste Freundin werden. Wenn dir danach zumute ist, stundenlang zu weinen oder der Beziehung noch eine Weile nachzutrauern, tu dir keinen Zwang an. Wenn du das Bedürfnis hast, deine Gefühle aufzuschreiben, nur zu! Wenn du dir Erleichterung verschaffen möchtest, indem du deine Gefühle zum Ausdruck bringst, könntest du auch alles auf Band aufzeichnen, was du deinem Ex über deinen emotionalen Zustand mitteilen möchtest (worauf du aber verzichtest). Sprich ungehemmt, lass deinen Gefühlen und allem, was dich bewegt, freien Lauf, ohne etwas zu erwarten. Du hast die Chance, dir alles von der Seele zu reden, ohne unterbrochen oder zurückgewiesen zu werden. Wenn dir später noch Dinge einfallen, die du hinzufügen möchtest, starte eine neue Aufnahme. Beschränke die Übung auf ein Mal pro Tag. Hör die Aufnahme nicht ab. Sobald sie beendet ist, überprüfe deine Gefühle und lösch die Aufnahme. Lass sie los. Denk an das Letzte, was du deinem Ex sagen musstest und wolltest, und beende die Übung an dieser Stelle. Jetzt kannst du den Neustart unbelastet in Angriff nehmen. Wenn du deine Gefühle schriftlich festhalten möchtest, kannst du auch das tun. Schreib alles auf, was dir durch den Kopf geht. Sobald du fertig bist, verbrenn die Seiten oder lösch den Text unwiderruflich, falls du den Computer benutzt hast. Was du geschrieben hast, ist nun aus und vorbei.

Leg alles Weitere in Gottes Hand. Lass los. Gefühle, die man ignoriert, verfestigen sich und werden in künftigen Beziehungen zum Problem, da sie auch unser Selbstwertgefühl beeinträchtigen. Jetzt ist der richtige Zeitpunkt gekommen, alles herauszulassen. Wut, Eifersucht, Kränkung, Verwirrung, Enttäuschung, Glücksgefühle, Erleichterung und mehr … lass alles heraus, vor Gott. Lass Gott wissen, was du empfindest. Gib Gott die Chance, dafür zu sorgen, dass du dich besser fühlst, indem du IHM die Führung überlässt. Sei ihm gegenüber ehrlich, was deine Gefühle und die Dinge betrifft, die du loslassen möchtest.

Dir Zeit nehmen, um zu trauern

Die Trauerarbeit ist ein unerlässlicher Bestandteil des Neubeginns. Du brauchst Zeit, um den Verlust deiner Beziehung zu beklagen. Egal ob die Beziehung sagenhaft oder grauenhaft war, du brauchst Zeit, um dich daran zu gewöhnen, alleine zu sein und das Leben aus eigener Kraft zu stemmen. Gib dir die Zeit, die du brauchst, um dich mit dem Gedanken vertraut zu machen, dass er nicht mehr täglich anruft, um sich nach deinem Befinden zu erkundigen, und dass du den Freitagabend möglicherweise alleine verbringen musst. Du musst dich vielleicht daran gewöhnen, alleine zu schlafen, alleine zu essen und dich in deiner eigenen Gesellschaft wohlzufühlen. Trauern bedeutet nicht, dass sich alle

Menschen in deinem Umkreis mit dir grämen oder dass der Trauerprozess ewig währen sollte. Doch du brauchst Zeit, um dich auf die neue Situation einzustellen und Anpassungen vorzunehmen. Ungeachtet dessen, ob du die Trennung wolltest oder ob sie für dich nicht absehbar war, selbst die scheinbar unbedeutendsten Aktivitäten, denen du im Lauf des Tages nachgehst, fallen mit einem Mal schmerzlich ins Gewicht. Vielleicht bist du Kaffeetrinkerin und es war dein Ex, der jeden Morgen den Kaffee gekocht hat. Es treffen keine Guten-Morgen-SMS mehr ein, und die gemütlichen Abende, an denen ihr Quizshows im Fernsehen angeschaut habt, gehören der Vergangenheit an. Wer diskutiert jetzt mit dir über Politik? Das alles sind Anpassungen, die du vornehmen musst, um neue Lebensgewohnheiten zu entwickeln.

Unterstützung in Anspruch nehmen

Wenn du nach einer Trennung wieder durchstartest, ist dein Unterstützungssystem besonders wichtig. Du solltest nie die Bedeutung deines Freundeskreises unterschätzen, der für dich da ist, um zuzuhören, Ratschläge zu erteilen und dir dabei zu helfen, auf einen besseren Weg zu gelangen. Gute Freunde wissen, dass ein Neubeginn hart sein kann, aber sie stehen dir dabei unbeirrt zur Seite. Auch wenn dir der Gedanke im Moment nicht behagt, diese Freundschaften werden dir keine andere Wahl lassen, als deine Komfortzone zu verlassen und die Welt mit anderen Augen zu betrachten. Schließlich hat Gott deine Freunde mit der Fähigkeit ausgestattet, dich auf dein volles Potenzial aufmerksam zu machen. Innerhalb der Familie kann das Thema Unterstützung trickreich sein, vor allem wenn es heißt: »Ich habe dir doch gleich gesagt, dass der Kerl nichts taugt« oder »Ich habe es kommen sehen.« Niemand hört das gerne, doch am Ende ist die Familie für dich da, ungeachtet dessen, dass du von ihr vorgewarnt wurdest.

Doch die Sache hat einen Haken. Irgendwann werden deine Unterstützer keine Lust mehr haben, sich immer wieder aufs Neue die Einzelheiten deiner Beziehung oder Trennung anzuhören. Das Warum spielt für sie keine Rolle. Ihr Ziel besteht in erster Linie darin, dich wieder aufzubauen, aufrechter als zuvor und mit einem besseren Gemütszustand. Auch wenn du ein tatkräftiges Team zu deiner Unterstützung hast, sollte dir klar sein, dass es nicht alle Antworten hat und erwartet, dass du dein Gefühlstief irgendwann überwindest. Deshalb kannst und darfst du dich nicht auf Dauer in diesem Zustand einrichten.

Der Umgang mit Orten, die an den Ex erinnern

Dein Ex hat seine Markierung an bestimmten Orten hinterlassen. Beispielsweise hattet ihr immer einen bestimmten Tisch bei eurem »Starbucks« um die Ecke oder in der Pizzeria, in der ihr jeden Freitagabend wart. Wenn es zu schmerzhaft für dich ist, diese erinnerungsträchtigen Orte aufzusuchen, ist es am einfachsten, sie zu meiden. Das mag im Moment unbequem sein, doch sobald du stark genug bist, die emotionalen Fesseln zu durchtrennen, die dich mit bestimmten Orten verbinden, kannst du wieder dorthin zurückkehren und neue Erinnerungen schaffen. Im Augenblick sind sie noch zu sehr mit alten Erinnerungen belastet, und das Risiko einzugehen, dass du deinem Ex oder Leuten über den Weg läufst, die wissen, dass ihr euch getrennt habt, lohnt sich nicht. Wenn du noch nicht bereit bist, auf neugierige Fragen mit einer kurzen und höflichen Antwort zu reagieren, ist es für dich nicht besonders zuträglich, diese Orte aufzusuchen.

Da sich dein Beziehungsstatus verändert hat, ist es an der Zeit, auch einiges in deinem Leben zu verändern. Wenn du deine Selbstheilungskräfte aktivieren und dich für das Beste vorbereiten möchtest, das auf dich wartet, funktionieren die alten Verhaltensmuster nicht mehr. Es ist an der Zeit, innezuhalten und zu unterscheiden, ob du etwas seinetwegen oder deinetwegen, sprich *für dich selbst tust*.

6

UND WIE GEHT ES
NUN WEITER?

Wie es nun weitergeht? Du stellst dich deinem Kummer und Schmerz. Du beginnst dich selbst gut zu behandeln. Du sorgst für ausreichenden Schlaf und eine gesunde Ernährung, selbst wenn du keinen Appetit hast, und du gönnst dir Dinge und Aktivitäten, auf die du während der Beziehung verzichten musstest. Du hörst Musik, die du als wohltuend empfindest. Das mag einfach klingen und du glaubst vielleicht, dass du das alles schon längst tust, aber Fakt ist, dass der Schmerz, mit dem du dich konfrontiert siehst, sich nicht nur auf der emotionalen, sondern auch auf der körperlichen Ebene manifestiert. Um auf den Weg der Besserung zu gelangen, musst du anfangen, fürsorglich mit dir selbst umzugehen, dich mit der Liebe und Aufmerksamkeit zu hegen und zu pflegen, die nur du dir zuteilwerden lassen kannst.

Unterbleiben diese einfachen, aber dringend erforderlichen Maßnahmen, behinderst du den Heilungsprozess. Nimm dir die Zeit, dich zu erholen. Niemand zwingt dich, zu schnell wieder auf die Bühne des Lebens zurückzukehren. Die Rückzugsphase zu beenden, bevor man innerlich dazu bereit ist, kann den emotionalen Zustand sogar noch verschlechtern. Geh behutsam mit dir selbst um. Hör auf, dich zu bedauern, und wende dich der Aufgabe zu, deine Identität und deine Überzeugungen zu überprüfen und neu auszurichten. Es ist auch an der Zeit, dein Selbstwertgefühl aufzubauen. Hier einige tägliche Aktivitäten, die dir dabei helfen:

MEDITATION UND GEBET. Nimm dir die Zeit, Gott anzuvertrauen, was du empfindest und was du erreichen möchtest. Ja, ER weiß es bereits, doch wenn dein Verhältnis zu Gott während deiner Beziehung gelitten hat, solltest du dir klarmachen, dass ER sich den Dialog mit dir wünscht. Meditation und Gebet beschleunigen die Genesung und tragen zur Heilung deines verletzten Selbstwertgefühls bei.

DAS EGO AUSSCHALTEN. »Ich kann nicht«, »Ich will nicht« und »Ich werde nie« sind ausnahmslos Einflüsterungen deines Egos. Das Ego findet immer Mittel und Wege, sich zu schützen, und schafft vordergründige Grenzen, die dir nicht zuträglich sind. Statt dir zu dienen, läufst du aufgrund dieser Einschränkungen Gefahr, das zu verpassen, was du dir im Leben wirklich wünschst. Das Ego ist nicht an dein Selbstwertgefühl gebunden. Es errichtet Mauern, nur um sich selbst zu schützen. Lass dich durch dein Ego nicht davon abhalten, dein Potenzial voll zu entfalten. Wenn du an irgendeinem Punkt in deinem Leben enttäuscht warst, weil du deinem Ego gestattet hast, dich von bestimmten Selbstverwirklichungsaktivitäten auszuschließen, weißt du, dass es nicht für, sondern gegen dich arbeitet.

EINE GESÜNDERE UND GLÜCKLICHERE VERSION DEINES SELBST ENTWICKELN. Was macht dich auf lange Sicht glücklich? Was würde eine gesündere Version deines Selbst tun? Stell dir bildlich vor, was du brauchst, um dich rundum gut zu fühlen. Du verleihst deinem Selbstwertgefühl Auftrieb, wenn du dir ausmalst, dass du alle deine Ziele erreichen kannst. Du kannst der Mensch sein, dem die Liebe, nach der er sich sehnt, der berufliche Erfolg, den er anstrebt, und alles andere, was er sich wünscht, zuteilwird. Mit den Überzeugungen, die du in Bezug auf deine eigene Person verankert hast, kannst du dein Selbstwertgefühl stärken oder schwächen. Außer dir ist niemand dazu in der Lage.

DANKBARKEIT ZUM AUSDRUCK BRINGEN. Jeden Tag Dankbarkeit zu bekunden erinnert dich daran, was du bereits in deinem Leben erreicht hast und wie viel Gutes dir widerfahren ist. Auch damit wird dein Selbstwertgefühl gestärkt.

DIE BEWUNDERNSWERTEN EIGENSCHAFTEN UND LEISTUNGEN REVUE PASSIEREN LASSEN. Ungeachtet der Fehler, die dir unterlaufen sind, der Meinung, die andere von dir haben, oder der Klatschgeschichten, die dich in ein schlechtes Licht rücken, weißt du, dass du einige bewundernswerte Eigenschaften und gottgegebene Fähigkeiten und Talente mit auf den Weg bekommen hast. Lass sie vor deinem inneren Auge Revue passieren. Lass den Augenblick wiederaufleben, in dem du eine besondere Leistung vollbracht hast, und lass zu, dass dein Selbstwertgefühl dadurch Auftrieb erhält.

Lerne, dich selber wertzuschätzen

Da dein Selbstwertgefühl ein wenig angeschlagen ist, solltest du damit beginnen, Empathie für dich selbst zu entwickeln. Jetzt ist der Zeitpunkt gekommen, das Herz sanft zu behandeln und deine eigene beste Freundin zu sein. Du brauchst dich jetzt mehr als jemals zuvor. Du kannst nicht erwarten, dass andere verstehen oder sich auch nur dafür interessieren, was du durchgemacht hast. Andere nehmen ihre und deine Welt auf unterschiedliche Weise wahr. Nicht jeder hat Mitleid mit dir, ganz abgesehen davon, dass du darauf vermutlich gut und gerne verzichten kannst. Du musst dich selbst mit überwältigender Liebe und Fürsorge umgeben. Jeder Gedanke, der dir durch den Kopf geht, sollte sorgsam behandelt werden. Der Umgang und Dialog mit dir selbst ist für den Genesungsprozess von zentraler Bedeutung. Dieser innere Dialog stützt sich auf deine tiefsten Überzeugungen, und deinen Worten folgen Taten. Die Energie, die du früher in deinen Partner investiert hast, sollte nun auf dich selbst gerichtet sein.

Im Verlauf der Reparaturarbeiten an deinem Selbstwertgefühl wirst du allmählich Klarheit gewinnen über den Menschen, der du geworden bist, und über dessen Wünsche und Bedürfnisse. Wenn du weiterhin gut für dich selbst sorgst, wirst du mit jedem Tag, der vergeht, weiser und stärker werden. Und mit jedem Augenblick, der vergeht, wird dein Glaube an Gott gefestigt. In dieser Zeit wirst du innere Integrität und den Glauben an deine Zukunft entwickeln. Während du dir in dem Tunnel, der dir einst so dunkel und endlos erschien, deinen Weg in die Freiheit und zu deinem Hort des inneren Friedens bahnst, ist nun ein erster Lichtschimmer zu erkennen. Nun ist es an der Zeit, Frieden mit dir selbst zu schließen und dir Fehler zu verzeihen, die du gemacht hast. Diese Fehler waren nicht dazu da, dir einen Rückschlag zu versetzen oder dich zu brechen, sondern dir eine Lektion vor Augen zu führen, sodass du die Chance hast, es in Zukunft besser zu machen. In gewisser Hinsicht stellen deine Fehler einen Weckruf dar. Es sind nicht zwangsläufig die Fehler, die bestimmen, wie du die Phase nach der Trennung bewältigst, sondern die Art, wie du mit ihnen umgehst und welche Möglichkeiten du schaffst, um sie künftig zu vermeiden. Wirst du diese Möglichkeiten nutzen?

Dass es uns an der eigenen Wertschätzung mangelt, zeigt sich oft darin, dass wir krampfhaft an einer Beziehung festhalten, nicht weil wir es wirklich wollen oder glauben, dass der Partner uns glücklich macht, sondern weil wir uns einreden, er sei »gut genug«. Du hast so viel mit ihm durchgemacht und so große Hoffnungen in ihn gesetzt, dass du dir deinen Irrtum selbst dann nicht eingestehen würdest, wenn es nichts mehr daran zu deuten gibt. Deine Bindung an ihn war stark, aber nicht stark genug, um eine gesunde Partnerschaft aufrechtzuerhalten, und du hast dich an eine Beziehung geklammert, die längst zerrüttet war. Oft halten wir an etwas fest, nicht etwa weil es uns glücklich macht, sondern wegen des Potenzials, das wir darin entdeckt zu haben glauben. Doch irgendwann beschließt die Seele, dass sie es in dieser zerstörten Beziehungslandschaft nicht mehr aushält, und zwingt uns, der Realität ins Auge zu blicken.

Bestandsaufnahme machen:
Du hast schon eine Menge geschafft!

An diesem Punkt des Weges hast du begriffen, dass deine Gefühle deine ureigene Wahrheit sind, denen du dich allein stellen musst. Du schaffst schrittweise ein neues Umfeld für dich selbst, das Veränderungen begrüßt. Dieses neue Umfeld nimmt deine Fähigkeit loszulassen mit Beifall zur Kenntnis und belohnt dich mit Wissen, Stärke, Mut und Zuversicht. Du bist in der Lage, deinen Tagesablauf eigenständig zu gestalten und zu entscheiden, wen du in deinem Leben willkommen heißen oder abweisen willst. In diesem Raum hast du die Möglichkeit, deine Seele zu erforschen und Rahmenbedingungen für dich selbst festzulegen, die Gott einladen, SEIN Werk in deinem Innern zu vollbringen. Du hast deinen Widerstand aufgegeben. Du hast dich von einem leidenden Opfer in eine Aktivistin des inneren Friedens verwandelt. Du hast vergeben, wenngleich nicht vergessen, wie es ist, wenn man sich ins Unrecht gesetzt, zurückgewiesen, verurteilt und unfair behandelt fühlt. Du hast darauf verzichtet, in einem solchen Umfeld zu leben, denn du hast erkannt, dass du die Einzige warst, die sich darin aufhielt, und wolltest nicht länger in der Falle sitzen.

Im *Hier und Jetzt* wird dir bewusst, was du schon alles geschafft hast! Und vielleicht fragst du dich: »Wie geht es nun weiter?« Die Frage deutet darauf hin, dass du deinen Weg fortsetzen und deine negativen Erfahrungen überwinden statt darin schwelgen möchtest. Sie gehören der Vergangenheit an. Die Zeit zurückzudrehen ist unmöglich, denn du lebst in der Gegenwart. Du hast erkannt, dass du die Kontrolle über dein *Hier und Jetzt* hast. Dieses *Hier und Jetzt* ermöglicht dir, das Beste aus deinem Selbstwertgefühl zu machen. Dieses *Hier und Jetzt* bietet dir die Chance, diejenigen Anteile deiner Persönlichkeit zu hegen und zu pflegen, die besonderer Aufmerksamkeit bedürfen. *Jetzt* solltest du deine Kernprobleme in Angriff nehmen und dir bewusst machen, wie Körper, Geist und Seele auf sie reagieren. Um in Einklang mit dir selbst zu sein, musst du dich fest in deiner Gegenwart verankern. Dein Körper spricht nicht aus der Vergangenheit zu dir, sondern sagt dir, was ihm jetzt Schmerzen bereitet, was sich jetzt gut anfühlt, was jetzt Zuwendung benötigt und wohin der Weg jetzt führt. Die Vergangenheit kann dir ohne deine ausdrückliche Zustimmung niemals vorschreiben, wie du im *Hier und Jetzt* leben solltest.

Schutzmauern niederreißen

Wenn du inzwischen die Hoffnung hegst, irgendwann wieder eine Beziehung einzugehen, liegt das daran, dass du deine Abwehrmechanismen weit genug heruntergefahren hast, um neue Freundschaften in dein Leben zu lassen. Du bist wieder für jemanden nahbar, weil du nicht ständig den Eindruck erweckst, auf der Hut oder verschlossen zu sein. Mit der Verbesserung deiner Selbstwahrnehmung mehren sich auch die Gelegenheiten und Chancen, neue Bekanntschaften zu schließen. Du hast die Gefühle losgelassen, die verhindert haben, dass du dich öffnest.

Oft erkennen wir, dass wir Schutzmauern errichtet haben, wissen aber nicht, wie wir sie niederreißen können. Und manchmal ist uns nicht einmal bewusst, wie sehr wir uns innerlich abgeschottet haben. Auch wenn du glaubst, für das nächste Kapitel in deinem Leben gerüstet zu sein, grübelst du vielleicht darüber nach, warum sich bei dir nichts tut. Das kann dazu führen, dass du dir fortwährend den Kopf zerbrichst oder anderen die Schuld gibst, statt vor der eigenen Haustür zu kehren und das Problem zu identifizieren und zu beheben. Möglicherweise denkst du: »Vielleicht liegt es an meinem Gewicht« oder »Sind die Altlasten, die ich mit mir herumschleppe, schuld daran?« oder »Ich wohne noch bei meinen Eltern, ist das der Grund?« oder »Könnte es daran liegen, dass ich nicht dem gängigen Schönheitsideal entspreche und meine ›Weiblichkeit‹ nicht genug zur Schau stelle?« Solche Überlegungen sind wirkungsmächtig und gefährlich, weil sie unsere Gefühle und unser Handeln prägen können.

Fakt ist, wenn du aufgeschlossen bist, lernst du, dich selbst uneingeschränkt zu akzeptieren. Sobald du dich akzeptiert hast und dankbar bist, der Mensch zu sein, der in dir angelegt ist, präsentieren sich dir Chancen und positive Situationen in Hülle und Fülle. Du verzichtest darauf, dich mit anderen zu vergleichen oder Wert darauf zu legen, was sie von dir denken. Wenn bestimmte Aktivitäten mit deinen spirituellen oder mentalen Überzeugungen unvereinbar sind, solltest du nicht zögern, sie über Bord zu werfen. Du weißt, wo du Rat suchen kannst. Du brauchst keine Bestätigung von Freunden und Familienangehörigen, wenn du Entscheidungen triffst. Wenn du dich so akzeptierst, wie du bist, lädst du Veränderungen in dein Leben ein, weil sichtbar wird, dass du uneingeschränkt für dich selbst einstehst.

Ob du aufgeschlossen bist, erkennst du beispielsweise, wenn du eine Straße entlanggehst und die Leute lächeln dich an oder sagen Hallo. Bleiben solche Gesten aus, liegt es vermutlich nicht daran, dass sie einen schlechten Tag haben. Wie man dir begegnet, hängt vielmehr von der Energie ab, die du ausstrahlst und auf andere überträgst. Ein weiterer Test für deine Aufgeschlossenheit konzentriert sich auf deine Einstellung und den Tenor deiner Gespräche. Wenn du ständig über deine Ängste redest und Informationen aus Selbstschutz zurückhältst, statt Möglichkeiten und monetäre Erfolge in den Mittelpunkt zu rücken, blockierst du mit deiner Einstellung eine positive Wende in deinem Leben. Diese Einstellung kann neue Liebeschancen verhindern, dir die Hoffnung rauben und den Eintritt in die Welt verwehren, in der noch Wunder geschehen. Du schottest dich innerlich ab, und das heißt, dass du immer noch unerwünschten und ungebetenen Erfahrungen verhaftet bist. Du musst loslassen, was für andere aufgrund deines Verhaltens, aufgrund deiner Gleichgültigkeit dir selbst und anderen gegenüber offensichtlicher geworden ist.

Wenn du merkst, dass dein Verhalten auf andere abweisend wirkt, ist es nie zu spät, sich aus dieser selbst gewählten Isolation zu befreien. Das gelingt dir, wenn du zum richtigen Zeitpunkt, den du allein bestimmst, aus dir herausgehst. »Aus sich herausgehen« bedeutet, sich Situationen zu stellen, die du bisher gemieden hast. Egal ob es um Interaktionen mit bestimmten Menschen, die Teilnahme an Veranstaltungen, bei denen du mit anderen kommunizieren und dich bestmöglich präsentieren musst, oder um die Bereitschaft geht, eine neue Lebensweise zu begrüßen: Du kannst die Gedanken und Gefühle überwinden, die eine Hürde für dein persönliches Wachstum darstellen. Die Vorstellung mag unangenehm und beängstigend anmuten, doch wenn du dich bewusst Situationen aussetzt, die zu deiner Entwicklung als Individuum beitragen, verlässt du deine Komfortzone und ziehst die richtigen Menschen und Situationen an. Wenn du aus dir herausgehst, verlässt du den Verteidigungsmodus und beginnst, mit Menschen aus allen Gesellschaftsschichten zu kommunizieren. Nimm dir Zeit, um deine Kreativität zu fördern, indem du beispielsweise Koch-, Mal- oder Töpferkurse besuchst, Klavierunterricht nimmst oder dich mit anderen Aktivitäten beschäftigst, die dich sowohl mit anderen Menschen in Kontakt bringen als auch deinem Geist und deiner inneren Einstellung zugutekommen.

Tabuzone: Negative Gedanken und Gefühle verbannen

Auf deinem Weg zur Genesung solltest du darauf achten, eine Tabuzone für negative Gedanken und Gefühle zu schaffen. In dieser Tabuzone haben Klatsch und Tratsch, Opferhaltung, Einflüsterungen wie »Ich kann nicht« oder »Ich trete auf der Stelle« und Leute, die jammern oder undankbar sind, nichts zu suchen. Da du dein negatives »Zuhause« gerade erst verlassen hast, solltest du vermeiden, umgehend im nächsten zu landen, nur weil es auf den ersten Blick einen besseren Eindruck macht. Du ziehst in ein geräumigeres Zuhause um, in dem dein Geist und deine Seele Dankbarkeit, Liebe, Hoffnung, Freude, Glück, Sieg und erhebende, selbstermächtigende »Ich kann«-Gedanken erfahren dürfen. Du lädst positive, tatkräftige Menschen in dein neues Zuhause ein. Die Tabuzone der negativen Gedanken und Gefühle ist für den inneren Wandel von zentraler Bedeutung, um einem Rückfall in einen Zustand vorzubeugen, der Hoffnungslosigkeit, Niedergeschlagenheit und dem Gefühl der Ausweglosigkeit geprägt ist.

Fülle dein neues Zuhause mit positiven Affirmationen. Diese selbst bejahenden Sätze tragen dazu bei, die negativen Überzeugungen in Bezug auf dich selbst, die Menschen, die dir nahestehen, und die Aktivitäten, die dich anregen und dir den Weg in ein erfülltes, facettenreiches Leben weisen sollen, in positive Überzeugungen umzuwandeln. Hier einige Beispiele:

- ◆ Ich akzeptiere mich uneingeschränkt.
- ◆ Ich bin ein Geschenk an die Welt.
- ◆ Ich genieße das Alleinsein.
- ◆ Ich treffe stets die richtigen Entscheidungen.
- ◆ Ich besitze ein unerschütterliches Selbstvertrauen.
- ◆ Meine Aktivitäten schaffen bleibenden Wohlstand.

- Ich bin ein Lichtblick für andere.
- Mein Leben zählt.
- Ich vertraue meiner Intuition.
- Jede Situation dient letztendlich meinem Besten.
- Mir widerfahren jeden Tag wundervolle Dinge.
- Ich verzeihe mir. Meine innere Stimme weist mir den Weg in die richtige Richtung.
- Ich bin fähig, die für mich besten Entscheidungen zu treffen.
- Ich kann alle Rückmeldungen freundlich entgegennehmen.
- Ich liebe meine Familie.
- Meine Familie ist ein Geschenk des Himmels.
- Ich bin schön und intelligent.
- Ich habe beschlossen, mich auf jeden Tag voll und ganz einzulassen.
- Die Arbeit, die ich verrichte, bewirkt einen positiven Effekt im Leben anderer Menschen.

Sich in Dankbarkeit zu üben bietet eine weitere Möglichkeit für einen schnellen Übergang von einem negativen in einen lebenszugewandten und friedvollen emotionalen Zustand. Dankbarkeit kann dazu beitragen, die zahlreichen Aspekte der Liebe in deinem Leben zu akzeptieren. Du weißt den Weg zu schätzen, den du gehst, und akzeptierst die Liebe, die du dir selbst entgegenbringst und von anderen erhältst. Dankbarkeit hilft dir, Erwartungen an dich selbst loszulassen und deine Wertschätzung gegenüber allem zum Ausdruck zu bringen, was dein Leben ausmacht. Je häufiger du dich in der Kunst der Dankbarkeit übst, desto mehr positive Emotionen stellen sich ein und desto lebendiger wirst du. Du wirst viel eher in der Lage sein, Güte und Empathie zum Ausdruck zu bringen. Nimm dir jeden Tag Zeit, in einem Tagebuch zu vermerken, wofür du dankbar sein kannst, um in den vollen Genuss der Vorteile zu gelangen, die damit verbunden sind. Damit veränderst du ganz allmählich deine Wahrnehmung und deine Reaktion auf bestimmte Situationen. Dein Fokus verlagert sich, wird weniger offensiv. Dankbarkeit bietet dir die Chance, den Transformationsprozess, der gerade in deinem Leben stattfindet, mit gespannter Erwartung zu beobachten. Du stellst fest, dass du optimistisch in die Zukunft blickst. Hier einige Beispiele für Dankbarkeitsaussagen:

- Ich bin dankbar für Gottes Schutz.
- Ich bin dankbar für meine Familie.
- Ich bin dankbar für die Arbeit, mit der ich meinen Lebensunterhalt verdiene.
- Ich bin dankbar für die Fähigkeit zu verzeihen.
- Ich bin dankbar für die Nahrung in meinem Kühlschrank.
- Ich bin dankbar für die Rechnungen, die ich erhalte, denn sie führen mir meine Fähigkeit vor Augen, sie zu begleichen.
- Ich bin dankbar für das heiße Wasser, das mir hilft, beim Duschen Stress abzubauen.
- Ich bin dankbar dafür, dass es mir vergönnt ist, jeden Tag aufzuwachen und meine eigenen Entscheidungen zu treffen.
- Ich bin dankbar für meine Freunde.
- Ich bin dankbar für die Liebe und Vergebung, die mir jeden Tag vom Allmächtigen zuteilwird.

Doch das ist noch nicht alles. Im Geist der Dankbarkeit lernst du dich selbst besser kennen. Zolle dir Anerkennung für das, was du überwunden, und für das, was du noch an Arbeit vor dir hast. In dieser Phase deines Lebens bist du in der Lage, die Liebe zu dir selbst und den Stolz auf deine Leistungen in Worte zu fassen. Du kannst im Beisein anderer positiv von dir selbst sprechen oder die erzielten Fortschritte in einem Tagebuch festhalten. Selbstliebe hat weder etwas mit Selbstgefälligkeit oder Selbstsucht zu tun noch mit dem Gefühl, anderen überlegen zu sein. Selbstliebe ist ein Prozess, in dem deine Liebe zu Gottes Schöpfung und Dankbarkeit zum Ausdruck kommt. Du sagst damit aus, dass du den Tempel, den ER errichtet, und das Leben, das ER dir geschenkt hat, zu würdigen weißt. ER hat an dich gedacht und gewollt, dass du stark wirst und SEINEM Ebenbild entsprichst. Selbstliebe bedeutet, den Gott in deinem Innern zu lieben. Sie schließt die Wertschätzung der eigenen Stärken, Talente und Fähigkeiten ein, die ER dir mit auf den Weg gegeben hat. SEINE Liebe zu dir ist groß genug, um dich damit auszuzeichnen, und deshalb solltest du lernen, dich selbst genug zu lieben, um deinen Lebenszweck zu erfüllen und der Liebe den Weg zu ebnen, die Gott sich für dich wünscht.

Das geschieht am besten, wenn du damit beginnst, alle Eigenschaften aufzuschreiben, die du an dir selbst magst. Notiere jeden Tag fünf Merkmale deines körperlichen, spirituellen und emotionalen Selbst, die dir gefallen. Erweitere die Liste jeden Tag. Lies die Einträge wieder und wieder und danke Gott für diese Attribute. Damit errichtest du ein tragfähiges Fundament für ein stabiles Selbstbild und lässt nicht zu, dass die Meinung, die andere von dir haben, deine Einstellung zu dir selbst bestimmt. Immer wenn jemand dich herabzusetzen versucht und du dich in deinem Selbstwertgefühl davon beeinflussen lässt, läufst du Gefahr, neue negative Selbstüberzeugungen zu verankern. Ergänze die Liste deiner positiven Attribute also täglich und wehre negative Gedanken demonstrativ ab. Hier einige Beispiele:

WAS MIR AN MEINEN PHYSISCHEN EIGENSCHAFTEN
GEFÄLLT:

1 Ich mag meine Augen und wie sie leuchten, wenn ich lächle.

2 Ich mag meine Körperhaltung und dass ich alle Blicke auf mich ziehe, wenn ich einen Raum betrete.

3 Ich mag meine Haare, wenn ich ihnen Aufmerksamkeit widme.

4 Ich mag den goldenen Schimmer meiner Haut in der Sonne.

5 Ich mag meine Hüften, egal in welchem Kleid, das ich trage.

WAS MIR AN MEINEN SPIRITUELLEN EIGENSCHAFTEN
GEFÄLLT:

1 Ich mag meine Beziehung zu Gott.

2 Ich mag meine Meditationszeit.

3 Ich mag es, jeden Tag im Sinne von Gottes Wort zu wachsen.

4 Ich mag meine Gespräche mit Gott.

5 Ich mag es, meinen beiden Lieblingspastoren zuzuhören, die das Wort Gottes für mich ergänzen.

WAS MIR AN MEINEN EMOTIONALEN EIGENSCHAFTEN
GEFÄLLT:

1 Ich mag es, dass ich mir zugestehen kann, verletzlich zu sein.

2 Ich mag es, dass ich auch dann noch zu lieben vermag, wenn ich verletzt wurde.

3 Ich mag es zu wissen, dass ich empathisch bin.

4 Ich mag es, leidenschaftlich in Bezug auf die Dinge zu sein, für die ich eintrete.

5 Ich mag es, dass ich fähig bin, trotz Kummer und Leid das Beste für mich und meine Familie zu tun.

Da du deine positiven Eigenschaften nun aufgelistet hast und genau weißt, was du an dir selbst magst, ist es an der Zeit, einen neuen Lebensplan zu erstellen. Wie sollte dein Liebesleben im nächsten Jahr, in den nächsten fünf oder in den nächsten zehn Jahren beschaffen sein? Wie stellst du dir eine harmonische Ehe vor? Was ist in deinen Augen für die wahre Liebe kennzeichnend? Deine Gedanken könnten Wirklichkeit werden. Gott wird deine Bitten erfüllen, wenn du fest daran glaubst. Es ist an der Zeit zu überdenken, was dich in einer Beziehung glücklich macht und dir nach deiner Einschätzung am besten dient. Du kannst nun entscheiden, wem du Eintritt in dein Leben gewährst. Auf welche Weise sollte dein künftiger Partner dazu beitragen, dich glücklich zu machen? Auf welche Weise möchtest du Liebe geben, und wie soll sie angenommen werden? Lass deiner Fantasie freien Lauf, um die Liebe zu erschaffen, die du dir wünschst, und denk jeden Tag darüber nach.

Viele schlittern von einer zerrütteten Beziehung in die nächste, weil sie nicht wissen, was zu einer intakten Beziehung gehört. Diese Hürde überwindest du am besten, wenn du, wie bereits erwähnt, deine persönlichen Probleme in Angriff nimmst und dir ausmalst, in einer gesunden, liebevollen Beziehung zu sein. Wenn du nie eine gesunde Beziehung hattest, bitte Gott, dir einen Hinweis zu geben. Beobachte, wie Paare in einer gesunden Beziehung miteinander umgehen, und merke dir alles, was dir dabei auffällt. Keine Beziehung ist perfekt, aber mit dieser Visualisierungstechnik kannst du dir besser vorstellen, wie eine glückliche Beziehung aussehen *könnte*.

In diesem Prozess geht es nicht nur um den Aufbau einer gesunden, harmonischen Beziehung, sondern auch um die Fähigkeit, Liebe zu empfangen und zu erwidern. Du bist vielleicht nicht daran gewöhnt, zum Essen in ein Restaurant eingeladen zu werden, weil du immer an Männer geraten bist, die gerade »knapp bei Kasse« waren. Wenn also ein Gentleman der alten Schule in dein Leben tritt und die Rechnung begleicht, solltest du wissen, wie du als Frau reagierst, wenn er dir gefällt. Wenn du nie einen Partner hattest, der deinen Belangen Aufmerksamkeit geschenkt hat, wie reagierst du dann auf einen Kandidaten, der sich dafür interessiert? Auch hier kann die Vorstellungskraft dazu beitragen, deine Realität zu erschaffen. Es geht nicht nur darum, was du gibst, sondern auch darum, was du von deinem Partner erhalten möchtest. An welcher Stelle der Beziehungsskala zwischen Dating und Ehe möchtest du das nächste Mal verortet sein? Was glaubst du verdient zu haben?

Inzwischen weißt du, dass ich immer wieder betone, wie wichtig es ist, im gegenwärtigen Augenblick verankert zu sein. Der Fokus liegt auf dem, was du jetzt denkst, fühlst und tust. Du hast bereits entschieden, dass du nach vorne blicken musst. Nun gilt es zu entscheiden, dass du nur das Beste für dich selbst willst. Und damit aus dem Wunsch Wirklichkeit wird, solltest du dir jetzt nur das Beste zugestehen. Du fragst dich vermutlich, wie das funktionieren soll, wenn du kein Geld oder keine Ahnung hast, wie »das Beste« beschaffen ist. Nun, das Beste hat nichts mit Geld, wohl aber mit Tugenden zu tun, die man nicht kaufen kann.

Das Beste bezieht sich darauf, dass du auf deine innere Stimme hörst, dir die gleiche Aufmerksamkeit widmest, die du anderen, dir nahestehenden Menschen zuteilwerden lässt, regelmäßig betest, dich so gesund wie möglich ernährst, den Tisch mit deinem besten Tafelsilber und Porzellan deckst und dir alles gönnst, was du körperlich, geistig und seelisch als Wohltat empfindest. Das

Beste können Kleinigkeiten sein, die man leicht übersieht, beispielsweise welche Teller du zum Essen benutzt, oder spektakuläre Aktivitäten, beispielsweise die Entscheidung, noch einmal auf die Schulbank zurückzukehren. Das Beste bedeutet, dich selbst an die allererste Stelle zu setzen und dich mit Leuten zu umgeben, die dich herausfordern, das Beste in dir zum Vorschein zu bringen, statt deine Zeit mit den notorischen Zweiflern zu verschwenden, die nicht an dein Wachstumspotenzial glauben.

Du weißt auch jetzt schon, was richtig für dich ist. Welche Veränderungen du auch in deinem äußeren Umfeld ins Auge fasst, du achtest darauf, dass du sie ausschließlich für dich selbst auf den Weg bringst. Egal ob du nach Möglichkeiten Ausschau hältst, dein Haus umzugestalten, dir einen Hund anzuschaffen oder Chinesisch zu lernen, du widmest dich diesen Aktivitäten, weil du Lust dazu hast. Niemand zwingt dich, äußere Veränderungen in Betracht zu ziehen, die du nicht willst. Ich ermutige zu Veränderungen, weil sie einen Neubeginn fördern und neue Gewohnheiten und Standpunkte unterstützen, aber du solltest dir klarmachen, welche Bedeutung sie für dich haben und ob der Zeitpunkt der richtige ist. Wenn nicht zuvor ein innerer Wandel stattfindet, wird der äußere Wandel keine Auswirkung darauf haben, wie du Entscheidungen triffst und eine gesunde Beziehung zu dir selbst, zu Gott und zu deinem potenziellen nächsten Partner aufbaust. Nimm dir die Zeit, zu wachsen und dich weiterzuentwickeln, bevor du weitere Veränderungen in deinem Leben einleitest.

Einige der wirksamsten Veränderungen in deinem Umfeld können so nebensächlich sein wie die Wahl einer anderen Wandfarbe oder so wichtig wie der Umzug in einen anderen Bundesstaat oder ein anderes Land. Hier einige Beispiele für äußere Veränderungen, die einen Kurswechsel unterstützen können:

- Umzug,
- Umgestaltung deiner häuslichen vier Wände,
- Veränderung der täglichen Routine,
- Veränderung des Arbeitsbereichs,
- neue Freizeitangebote oder Einkaufsmöglichkeiten ausprobieren,
- Geschenke aus einer früheren Beziehung entsorgen.

Wagemut entwickeln

Solange deine Beziehung bestand, warst du Teil eines Teams, eines Duos ... ganz gleich, ob das Zweiergespann intakt war oder nicht. Du konntest für einige deiner Entscheidungen auf ein Sicherheitsnetz zugreifen. Nun bist du solo unterwegs, auf der Suche nach Selbstliebe und auf dem besten Weg, der Liebe Einlass in dein Leben zu gewähren. Nun, da es dir freisteht, etwas Neues zu wagen und neue Dinge auszuprobieren, zögerst du und denkst zweimal über manche Entscheidungen nach.

Jetzt ist es für dich an der Zeit, Entscheidungskompetenz zu entwickeln, wenn es gilt, Risiken einzugehen und dir bewusst zu machen, was dich und deine Familie voranbringt. Das Wissen, dass du kein Sicherheitsnetz mehr hast, falls du eine Fehlentscheidung triffst, sollte dich nicht daran hindern, an ungewohnten Aktivitäten teilzunehmen, dich auf ehrliche Diskussionen einzulassen, in dich selbst zu investieren und aus der Reihe zu tanzen, um das zu tun, was dir deiner Ansicht nach zugedacht ist. Du musst Wagemut entwickeln und dich mehr als okay dabei fühlen.

Für manche ist das ein Kinderspiel, weil der Ex sie in irgendeiner Weise ausgebremst und verhindert hat, dass sie auf ihrem Lebensweg vorankommen. Vielleicht hattest du nie die Gelegenheit, das Risiko einzugehen, dich zu einem liebevolleren Wesen zu entwickeln, weil deinem Partner der Mut fehlte, es selber zu wagen. Der Zweifel spielte also eine große Rolle in Bezug auf dein mangelndes Selbstwertgefühl und deine Beziehung zu Gott. Er hielt dich davon ab, dich in deinem Beruf und/oder in deiner Familie weiterzuentwickeln. Vielleicht war aber auch dein Partner derjenige, der dir gezeigt hat, dass sich das alte Sprichwort »Wer wagt, gewinnt« bewahrheiten kann. Nun musst du dich alleine anfeuern und zu etwas ermutigen, was dein altes Selbst vielleicht als »zu zeitraubend«, »lohnt die Mühe nicht«, »beängstigend« oder »Nichts für mich« abgestempelt hat.

7

WIE DU DEIN LEBEN WIEDER IN DEN GRIFF BEKOMMST

Nach Gott musst du dich zuerst selbst lieben. Du musst in der Lage sein, dort zu lieben, wo du dich gerade befindest, und auf dem Weg zu dem Ort, an dem du glücklich sein wirst.

Der Kreis schließt sich, wenn du der Selbstfürsorge allerhöchsten Stellenwert beimisst, auch wenn die Gesellschaft der Meinung ist, unsere Fürsorge müsste zuerst unseren Mitmenschen gelten. Aber du kannst anderen nicht angemessen helfen, wenn du außerstande bist, dir selbst zu helfen. Wie willst du deinen Mitmenschen mit gutem Beispiel vorangehen, sie anleiten und dich um ihr Wohl kümmern, wenn dein mentaler Zustand zu wünschen übrig lässt? Wenn du spirituell nicht gefestigt bist, wie willst du dann jemanden auf den Weg zu Gott führen? Deshalb haben viele von uns das Gefühl, auf der Stelle zu treten, im Hamsterrad gefangen zu sein. Wir müssen lernen, zuallererst fürsorglich mit uns selbst umzugehen. Es wäre empfehlenswert, den

Tag mit Gebet und Meditation zu beginnen, am besten direkt nach dem Aufwachen, bevor du irgendwelchen Aktivitäten nachgehst. Wenn du ein Baby hast, nimm dir vor, noch vor deinem Kind wach zu werden. Ich weiß, das ist leichter gesagt als getan, aber du wirst unweigerlich und beinahe unverzüglich die Vorteile genießen, wenn du deine Aufmerksamkeit auf dich richtest, bevor du sie anderen zuwendest.

Was bedeutet es für dich, Selbstfürsorge an die allererste Stelle zu rücken? Es bedeutet, dass du dich gesund ernährst, regelmäßig Vorsorgeuntersuchungen in Anspruch nimmst, dich ausreichend bewegst, Hobbys nachgehst, die dich mental fit halten, und Zeit mit deinen Freunden und deiner Familie verbringst. Du solltest dich jeden Tag um deine Bedürfnisse kümmern. Körper, Geist und Seele stellen Tag für Tag hohe Anforderungen an dich und erfordern eine pflegliche Behandlung, damit sie sich nicht vernachlässigt fühlen und beginnen mit Symptomen auf dein Versäumnis zu reagieren. Schenk dir selbst Aufmerksamkeit, um anderen mit Freuden die Aufmerksamkeit, Zuwendung und Freundschaft schenken zu können, die sie brauchen.

Gesunde Ernährung und mehr Selbstliebe

Mittags eine Dose zu öffnen oder in einem Fast-Food-Restaurant eine schnelle Mahlzeit zu sich zu nehmen hat nichts mit gesunder Ernährung zu tun. Du musst deinen Körper mit den Nährstoffen versorgen, die er benötigt. Jetzt fragst du dich vielleicht, was das mit Liebe und dem Bestreben zu tun hat, ihr den Weg in dein Leben zu bahnen. Ich kann nur betonen: Gesunde Ernährung und Selbstliebe sind das A und O, wie du gleich sehen wirst.

Wie bereits mehrfach erwähnt, ist Selbstliebe unabdingbar,

und die Nahrung, die du deinem Körper zuführst, ist ein Gradmesser dafür, in welchem Maß dir dein Wohl am Herzen liegt. Sich von Zeit zu Zeit eine Portion Pommes zu gönnen ist kein Verbrechen, das sich gegen dich und deinen Körper richtet, aber jeden Tag Cola zu konsumieren steht auf einem ganz anderen Blatt. Sich eine ausreichende Menge Wasser vorzuenthalten, um eine Austrocknung des Körpers zu verhindern, ist ebenfalls sträflicher Leichtsinn. Echte Selbstliebe bedeutet, deinem Körper, dem Tempel deiner Seele, nur das Beste zukommen zu lassen, damit er optimal funktioniert. Wenn du dich gut ernährst, sehen andere, dass dir die Vorgänge in deinem Körper bewusst sind, und werden dir dafür Anerkennung zollen. Du achtest nicht auf eine gesunde Ernährung, um andere zu beeindrucken, sondern bringst deine Selbstliebe zum Ausdruck und würdest ihnen die gleiche Zuwendung und Pflege angedeihen lassen.

Jeder Mann, der dich als seine künftige Frau betrachtet, wird wissen wollen, wie die Aufgaben in einem gemeinsamen Haushalt aufgeteilt werden sollen. (Das Kochen wird oft von beiden übernommen. Solltest du diejenige sein, die diese Aufgabe zu übernehmen gedenkt, wird er sich für dein Ernährungskonzept interessieren.) Es wird ihn interessieren, was du deiner künftigen Familie vorsetzen würdest und wie wichtig dir die Gesundheit ist. Was du isst, lässt Rückschlüsse auf deine Wertvorstellungen zu. Das bedeutet nicht, dass du dich den ganzen Tag lang vegetarisch ernähren solltest (für einige schon), aber wenn er dich als Partnerin in Betracht zieht, sind deine Ernährungsgewohnheiten wichtig. Wie du für dich selbst sorgst, zeigt, wie du ihn in Zukunft umsorgen willst. Das Gleiche gilt für ihn. Wenn er gerne kocht und vorhat, die Verantwortung für die Mahlzeiten zu übernehmen, solltest du dir seine Essgewohnheiten und Selbstfürsorgemaßnahmen genau anschauen.

Wenn es dir an Selbstwertgefühl mangelt, spiegeln deine Ernährungsentscheidungen genau das wider. Das spielt wiederum eine Rolle, wem du den Weg in dein Leben bahnst, weil du nicht nur deine Gefühle mit Nahrung betäubst, sondern auch verhinderst, jemanden kennenzulernen, der sich selbst genug liebt, um fürsorglich mit sich umzugehen.

OPTIMIERUNG DES ÄUSSEREN ERSCHEINUNGSBILDES

Einer der vielen Vorteile einer gesunden Ernährung ist, dass sie zur Optimierung des Körpers beiträgt, die Kategorie »Äußeres Erscheinungsbild« eingeschlossen. Wir alle möchten möglichst gut aussehen, und was wir dem Körper zuführen, hat großen Einfluss auf unser Aussehen und auf unsere Gefühle. Bestimmte Nahrungsmittel verbessern beispielsweise das Hautbild und verleihen den Haaren Glanz. Wenn du dich fragst, wie sich das auf deine Fähigkeit auswirkt, der Liebe den Weg in dein Leben zu bahnen, solltest du noch einmal gründlich nachdenken. Wenn du gut aussiehst, fühlst du dich gut und kannst davon ausgehen, dass dir Gutes im Leben widerfährt.

WÜRDEVOLLES ALTERN

Altern muss nicht mit Kummer und Leid einhergehen. Würdevolles Altern kann und sollte von deiner Ernährungsweise unterstützt werden. Einer der Schlüssel zu dem Geheimnis, so jung auszusehen, wie man sich fühlt (das heißt, falls du dich jung fühlst), ist die richtige Ernährung. Sich auf eine Weise zu ernähren, die deine Selbstliebe zum Ausdruck bringt, spiegelt sich mit zunehmender Reife innerlich und äußerlich wider. Du möchtest stolz auf jeden Meilenstein sein, den du im Alterungsprozess erreichst. Nachstehend findest du eine Liste mit Nahrungsmitteln, die für ihren Anti-Aging-Effekt bekannt sind:

- Joghurt
- Schokolade [dunkle, mit hohem Kakaoanteil]
- Spinat
- Fisch
- Nüsse
- Avocados
- Blaubeeren
- Grünkohl
- Granatäpfel

MENTALE KLARHEIT

Nahrung hat eine energetische Wirkung. Eine gesunde, vollwertige Ernährung verleiht mentale Klarheit. Gesunde Nahrungsmittel und Selbstfürsorge können die Sensibilisierung aller Sinnesorgane fördern, was bedeutet, dass du auch emotional im Hier und Jetzt ankommst, mit ungetrübter Achtsamkeit. Du bist in der Lage, dich dem Leben zu stellen und dir selbst mit mehr Toleranz zu begegnen, wenn deine Gefühle an die Oberfläche kommen. Antriebslosigkeit, das Gefühl der inneren Leere oder Hoffnungslosigkeit lassen sich durch eine bessere Ernährung kontrollieren. Mentale Klarheit ermöglicht dir, voll präsent zu sein und deine Umgebung uneingeschränkt wahrzunehmen. Du bist fähig, bessere Entscheidungen zu treffen und an ihnen festzuhalten, was sich nicht nur als strategischer Vorteil erweist, sondern auch eine anziehende Charaktereigenschaft für Männer ist, die an einer engagierten Partnerschaft interessiert sind.

Eine gesunde Ernährung spielt eine federführende Rolle, wenn es gilt, dein Leben wieder in den Griff zu bekommen und dich selbst zu lieben, sodass du in der Lage bist, auch anderen mit Liebe zu begegnen. Es ist wichtig, dass du jeden Tag genug isst und trinkst, damit alle Organe bestmöglich arbeiten und die im

Körper angesammelten Toxine ausgeschwemmt werden können. Ungeachtet aller Gefühle und Empfindungen (ich weiß, dass Trennungen oft zu Appetitverlust führen) solltest du deinen Körper angemessen mit Nährstoffen versorgen und ihn wissen lassen, dass du ihn liebst. Eine gesunde Ernährung ist ein unabdingbarer Weg, sich spirituell mit dir selbst zu verbinden.

Medizinische Vorsorgeuntersuchungen

Ich weiß, es ist lästig, aber die alljährlichen Arztbesuche sind ein absolutes Muss. Schließlich solltest du über deinen aktuellen Gesundheitszustand informiert sein. Falls du gesundheitliche Probleme hast – kümmerst du dich darum? Deine Gesundheit sollte Vorrang vor allen anderen Belangen haben. Du kannst ein ganzes Leben lang versuchen, einen Traum zu verwirklichen, doch falls es schlecht um deine Gesundheit bestellt ist, wirst du es nicht genießen können, wenn er in Erfüllung geht.

Die Entscheidung, die eigene Gesundheit einem anderen Menschen, bestimmten Lebensumständen oder Leistungszielen zu opfern, schadet nach und nach sowohl deinem Körper als auch deinem Selbstwertgefühl. Du solltest darauf achten, dass kein Vitaminmangel entsteht und sämtliche Organe bestmöglich funktionieren. Es ist auch empfehlenswert, sich auf sexuell übertragbare Krankheiten testen zu lassen. Pass gut auf dich auf. Überlass der Angst nicht die Entscheidung, in welchem Maß du dich selbst liebst. Du willst wissen, wo du derzeit stehst und in welche Richtung dein Weg führen soll. Wenn du dir eine positive Einstellung bewahrst, betest und Gott immer im Hinterkopf behältst, wird dir kein Unheil widerfahren, denn deine positive Grundeinstellung ist der Entstehung von Krankheiten nicht förderlich. Kontrolliere deine Gedanken, denn dadurch kontrollierst du auch, was sich in deinem Körper einnistet.

Die jährlichen Kontrolluntersuchungen, die du durchführen lassen solltest, schließen einen Besuch beim Zahnarzt, beim Augenarzt, beim Allgemeinpraktiker und beim Gynäkologen mit ein, inclusive der jährlichen Brustuntersuchung. Wenn der behandelnde Arzt eine Mammografie oder Darmspiegelung vorschlägt, solltest du dich an seine Empfehlung halten. Wenn du deine Selbstliebe dadurch zum Ausdruck bringst, dass du über deinen Gesundheitszustand informiert bist und alles Nötige in die Wege leitest, um Gesundheitsprobleme zu beseitigen, strahlst du Zuversicht aus und triffst bessere Entscheidungen in deinem Liebesleben. Wenn du beginnst, dich für eine neue Beziehung zu interessieren, sollte dein potenzieller Partner sehen, dass du gesundheitsbewusst bist und deinen Körper ernst nimmst, von der Ernährung bis hin zur Körperpflege. Wenn du einem Mann begegnest, mit dem du dir eine gemeinsame Zukunft vorstellen könntest, sollte er imstande sein, dir Fürsorge angedeihen zu lassen, wenn du beispielsweise krank bist. Doch wie soll das gehen, wenn du selber nicht weißt, was du brauchst? Körperliche Vernachlässigung ist für niemanden ein attraktives Charaktermerkmal. Ein Mann möchte gerne wissen, wie du es mit deiner Gesundheit hältst, und umgekehrt. Das Gespräch mag nicht besonders kurzweilig sein, aber wenn du einer dauerhaften Liebe den Weg in dein Leben bahnen willst, ist »Keine Ahnung« keine angemessene Antwort.

Auch die spirituelle Ebene bedarf einer Kontrolluntersuchung, und zwar täglich. Obwohl niemand erwähnt, dass sie empfehlenswert wäre, solltest du dich im Einklang mit deinen spirituellen Bedürfnissen befinden. Eine spirituelle Kontrolluntersuchung sollte nicht alle paar Monate, sondern mehrmals am Tag stattfinden, am besten morgens nach dem Aufwachen, vor dem Zubettgehen und im Verlauf des Tages, wenn Entscheidungen und Herausforderungen anstehen.

Der spirituelle Hunger wird gestillt, wenn du Zeit mit Gott verbringst. Halte dir vor Augen, dass die Lösung bereits vorhanden ist, bevor Probleme entstehen. Wenn du in der Bibel liest, meditierst, betest, Gott huldigst und ihn einlädst, Teil jedes Aspekts in deinem Leben zu sein, ist dein spirituelles Selbst voll funktionsfähig, um einen Mann in deinen Bann zu ziehen, der erkennt, wofür du eintrittst. Du musst deinen Glauben nicht aufs Spiel setzen. Dein Glaube wird dafür sorgen, dass du unbeirrt auf deine spirituellen Bedürfnisse achtest.

Der richtige Partner wird dein spirituelles Wachstum fördern. Wenn es dir nicht gelingt, dich spirituell fest zu verankern, offenbart sich das in Fehlern, die dir künftig unterlaufen werden. Wenn du nicht mit Gott und deinem wahren Lebenszweck verbunden bist, wirst du Menschen anziehen, die innerlich genauso spirituell entwurzelt sind wie du. Ein Mann, der ernsthaft den Wunsch hat, dass du seine Zukunft teilst, möchte wissen, wo du spirituell verortet bist. Er möchte wissen, bei wem du Rat und Führung suchst. Er möchte in Erfahrung bringen, wer für ihn und seine Familie betet. Nimmst du Gebete ernst? Rangieren sie auf deiner Prioritätenliste weit oben? Die meisten von uns wissen, dass wir niemanden retten können, der nicht an das Wort Gottes glaubt. Wir können nur Zeugnis ablegen, dass Christus in uns ist, und es Gott überlassen, das Herz des ungläubigen Thomas' zu ändern. Man kann einem anderen Menschen den Weg weisen, aber ihn nicht veranlassen, etwas zu tun, was ihm widerstrebt.

Spirituelle Kontrolluntersuchungen sind ein wichtiger Aspekt der Selbstfürsorge. Wenn du achtsam mit dir selbst umgehst, lässt du die Liebe und Einfühlsamkeit erkennen, die du dir und anderen entgegenbringst. Wenn es dir an echter Spiritualität mangelt, kannst du deine innersten Überzeugungen nicht festigen, ganz zu schweigen von denen anderer Menschen. Die Gespräche, an denen du teilnimmst, werden immer von Zweifeln und Fragen geprägt sein, und du widersetzt dich der Wahrheit Gottes, weil du dich nicht am Glauben orientierst, sondern dich nur auf das sichtbare Geschehen konzentrierst, das vor deinen Augen stattfindet. Deine Beziehung zu Gott sollte intakt sein, bevor du eine gesunde Beziehung zu jemand anderem eingehst. Dein Leben in den Griff bekommen bedeutet, die spirituelle Ebene wieder fest verankern.

Selbstliebe-Übungen

Nun ist es an der Zeit, dich deiner Gesundheit zu widmen. Ein gesunder Mensch wirkt strahlend, zuversichtlich und energievoll. Er zeichnet sich durch kompetente Entscheidungen und kluges Handeln aus. Ein gezieltes Fitnesstraining für Körper, Geist und Seele ist ein hervorragender Ausgangspunkt, um Gesundheit und Leistungsfähigkeit zu verbessern. Dafür stehen verschiedene Mittel und Wege zur Verfügung.

FITNESSTRAINING FÜR DEN KÖRPER

Physische Aktivitäten können das Selbstwertgefühl verbessern und sind – na logo! – ein zentraler Bestandteil der Selbstliebe. Du bringst damit nicht nur zum Ausdruck, dass Körper, Geist und Seele wichtig für dich sind, sondern bekundest auch die Bereitschaft, jedweden Raum für Verbesserungen zu nutzen. Du sagst dir, dass du dich weder aufgibst noch deine physischen Bedürfnisse an die letzte Stelle deiner To-do-Liste setzt. Fitnesstraining trägt dazu bei, Stress abzubauen, Depressionen zu lindern und Kraft und Ausdauer aufzubauen, die du brauchst, um den täglichen Anforderungen gewachsen zu sein. Außerdem kannst du das Fitnesstraining als Möglichkeit nutzen, deine physischen Ziele zu erreichen und dein äußeres Erscheinungsbild zu verbessern. Wenn du ein physisches Ziel erreicht hast, wächst dein Selbstvertrauen ins Unermessliche und du bist stolz auf dich selbst und die Fähigkeit, deine Wünsche zu realisieren. Damit stärkst du wiederum dein Selbstwertgefühl!

Auch wenn du nur ein paarmal pro Woche im Fitnessstudio trainierst oder in den häuslichen vier Wänden Gymnastikübungen machst, verbesserst du nicht nur dein Selbstbild, sondern wirst auch attraktiv für einen potenziellen Partner, für den das Thema Selbstoptimierung ebenfalls wichtig ist. Wenn du bestrebt bist, dein Potenzial voll zu entfalten, liegt dir auch die Verbesserung deiner Umgebung am Herzen, und du nimmst bewusster wahr, worauf du in deinem unmittelbaren Umfeld Wert legst. Hier einige physische Aktivitäten, die dich in Topform bringen und darüber hinaus auch eine positive mentale und spirituelle Wirkung haben:

YOGA. Yoga trägt dazu bei, fit zu bleiben und achtsam gegenüber der eigenen Körperhaltung zu sein. Du wirst flexibler und entspannter und lernst, besser mit stressreichen Situationen umzugehen. Durch Yoga stärkst du Körper und Geist, fühlst dich in Form und wirst dir deiner Stärken und Grenzen bewusst.

PILATES. Hier geht es ausschließlich um Körperwahrnehmung und Körperkontrolle. Du stärkst vor allem die Körpermitte, dein sogenanntes *Powerhouse*. Du lernst dich zu fokussieren und deine Ziele zu erreichen. Die verschiedenen Stellungen fördern ein hohes Maß an Selbstvertrauen, das wiederum zu einem Gefühl der Selbstermächtigung, Zuversicht und Entschlossenheit führt. Wenn du deinen Körper mit den Pilates-Übungen herausforderst, forderst du auch deine mentalen Kräfte und schärfst deine Wahrnehmung.

KICKBOXEN / BOXEN. Eine hervorragende Möglichkeit, negative Gefühle herauszulassen. Du steuerst deine Emotionen, und wenn du auf der Körperebene gezielt darauf einwirken möchtest, sind sportliche Aktivitäten wie Kickboxen zum Loslassen ideal. Damit baust du Stress ab und befreist dich von Gefühlen, die dich fest im Griff haben. Du schlägst die Probleme mental in die Flucht, mit denen du dich an diesem Tag konfrontiert siehst. Aus diesem Kampf gehst du als Siegerin hervor, die sich zutraut, jede Hürde zu nehmen, die sich ihr in den Weg stellt.

SCHWIMMEN. Ein intensives Herz-Kreislauf-Training, das dazu beiträgt, die Atmung zu kontrollieren, was immer auch geschehen mag. Du lernst, dich von der Strömung tragen zu lassen oder gegen sie anzuschwimmen. Das ist eine große Hilfe in vielen Situationen, die im Lauf des Tages auftauchen und eine Reaktion erfordern. Schwimmen baut Stress ab und stellt eine Herausforderung für Körper und Geist dar. Dadurch entwickelst du die mentale Einstellung eines Eroberers, der davon ausgeht, dass er jedes Hindernis überwindet, ungeachtet der Widerstände auf der physischen Ebene. Darüber hinaus hält Schwimmen fit und stärkt viele Muskeln gleichzeitig.

LAUFEN. Laufen verändert die Selbstwahrnehmung und das Leistungsbewusstsein. Du gewinnst das Selbstvertrauen, mentale und physische Grenzen zu überwinden, und das verleiht dir Antriebskraft. Wenn du an einem Marathon oder etwas Ähnlichem teilnimmst, kannst du besonders gut loslassen, woran du mental festhältst; du bist imstande, dich auf die vorliegende Aufgabe zu fokussieren und zu motivieren, neue Ziele in Angriff zu nehmen. Mit jedem Ziel, das du erreichst, baust du das Selbstvertrauen auf, ein weiteres Ziel zu verwirklichen.

FITNESSTRAINING FÜR DEN GEIST

Fitnesstraining hat nicht nur auf der physischen, sondern auch auf der mentalen Ebene positive Auswirkungen. Regelmäßige, vielleicht sogar tägliche mentale Fitnessübungen bereiten dich optimal auf die Herausforderungen und Aufgaben vor, denen du dich im Alltag gegenübersiehst. Hier einige Vorschläge, wie du dich mental in Topform bringen kannst:

SPRACHEN LERNEN. Damit steigerst du nicht nur die Leistungsfähigkeit des Gehirns, sondern unterstützt auch die Fähigkeit, mehrere Aufgaben gleichzeitig zu bewältigen (das vielgerühmte Multitasking), verbesserst dein Gedächtnis, erweiterst den Blickwinkel, aus dem du die Welt und deine Mitmenschen betrachtest, förderst das Lesevermögen und trägst dazu bei, dich selbst zum Ausdruck zu bringen, Probleme zu lösen und zu verhandeln.

DEN GAUMEN HERAUSFORDERN. Probiere Nahrungsmittel

aus, die neu für dich sind, und versuche darüber hinaus die einzelnen Zutaten in einem Essen zu erkennen. Das macht nicht nur Spaß, sondern fördert auch die Wahrnehmung und die Gedächtnisleistung. Oder nimm an einer Weinverkostung teil und nutze die Gelegenheit, deine Weinkenntnisse zu testen.

MATHEAUFGABEN IM KOPF LÖSEN. Leg dein Handy oder den Taschenrechner beiseite und löse Rechenaufgaben, wie es in der guten alten Zeit üblich war: mit Stift, Papier und deinen kleinen grauen Zellen.

EINE GESCHICHTE ERZÄHLEN. Wenn du Geschichten erzählst, forderst du dein Gehirn heraus, sich auf die Einzelheiten zu konzentrieren und sie mit Gefühlen zu verknüpfen. Abgesehen davon trägst du damit hervorragend zur Unterhaltung bei!

FITNESSTRAINING FÜR DIE SEELE

Wir sollten nicht nur körperlich und geistig, sondern auch auf der spirituellen Ebene topfit sein, um unseren Glauben lebendig zu erhalten. Genau wie ein Muskel, der nicht regelmäßig genutzt wird, wird unsere seelische Kraft geschwächt und ist schlecht gerüstet für die Aufgabe, die ihr obliegt. Hier einige spirituelle Übungen, die der Stärkung dienen:

DAS GEBEN ÜBEN. Beispielsweise mit Geldspenden für einen guten Zweck (oder mit dem »Zehnten«, wie in der Bibel empfohlen) und sozialem Engagement.

SICH DIE EIGENEN PRIVILEGIEN BEWUSST MACHEN. Denk über das Gute in deinem Leben nach und sei dankbar dafür.

ZEUGNIS ABLEGEN. Verkünde und verbreite das Evangelium anhand deiner eigenen Glaubensgeschichte. Wenn du die Erfahrungen, die du mit Gott und SEINER Liebe gemacht hast, mit anderen teilst, bietest du ihnen Orientierungshilfen auf ihrem Weg.

FASTEN. Entgifte Körper und Geist und konzentriere dich auf das, was dich mit Gott verbindet.

ZEIT IN DER NATUR VERBRINGEN. Nutze die Chance, dich spirituell mit allen Lebewesen verbunden zu fühlen und zu verstehen, was Einssein mit Gott bedeutet. Genieße aus vollem Herzen dieses Geschenk und alle Gaben auf unserem Planeten.

Selbstreflexion: Sich mit Sorgfalt kleiden

*»Du klingst, als würdest du gerade
eine Jogginghose tragen.«*

Sich »in Schale zu werfen« sollte Spaß machen. Als kleines Mädchen hast du es vermutlich geliebt, klammheimlich die Kleider deiner Mutter, Schwester oder Großmutter anzuprobieren oder deine Puppen herauszuputzen. Das Verkleiden ermöglichte dir, in die Rolle einer Person zu schlüpfen, die du bewundert oder wertgeschätzt hast. Im Lauf der Zeit hast du die Aufmerksamkeit, die du deiner Garderobe zukommen lässt, entweder verstärkt oder dir nur selten Zeit dafür genommen. Doch dein Umfeld kann anhand deiner Kleidung Rückschlüsse auf dein Selbstwertgefühl ziehen. Du kannst dagegen Einspruch bis zum Abwinken erheben, aber Fakt ist, dass der Kleidungsstil das Selbstwertgefühl widerspiegelt.

Wenn du dich mit Sorgfalt und Selbstvertrauen kleidest, bekundest du auch nach außen hin, dass du dir Achtung erweist.

Die tägliche Aufmerksamkeit, die du dir widmest, zeigt dein Bestreben, dich stets von deiner besten Seite zu präsentieren, selbst wenn dir nicht danach zumute ist. Wenn du gut aussiehst, fühlst du dich auch gut, und die Gefühle steuern Denken und Handeln. Andere erkennen auf den ersten Blick, ob du nach dem Aufwachen völlig achtlos irgendetwas angezogen hast, was sich gerade in deiner Reichweite befand. Dreimal darfst du raten, welche Botschaft du damit den Leuten übermittelst, die mit dir in Kontakt kommen, und schlimmer noch, was für eine Botschaft du *dir selbst* zukommen lässt. Jedes Mal, wenn du dich nachlässig kleidest, sagst du dir: »Na und? So bin ich nun mal« oder »Ich finde, dass ich nichts Besseres verdient habe« oder »Mehr ist nicht drin an so einem Allerweltstag.« Die Kleidung, die du trägst, steht in unmittelbarem Zusammenhang mit den Gefühlen, die du dir selbst und deiner Umgebung entgegenbringst. Geist und Seele stoßen nur Handlungsoptionen an, von denen sie überzeugt sind. Deshalb enthält der Ausspruch »Die schönsten Worte sind nichts wert, wenn keine Taten folgen« mehr als ein Körnchen Wahrheit.

Selbstvernachlässigung kann dazu führen, dass man sich schlecht fühlt, schlecht aussieht und interesselos handelt, und das schließt die Frage ein, ob oder in welchem Maß jemand sowohl seinem Stilempfinden als auch seinem Selbstempfinden Aufmerksamkeit zuteilwerden lässt. Wenn du beschließt, dein äußeres Erscheinungsbild nicht länger zu vernachlässigen, wirst du vermutlich auch damit aufhören, dein Inneres zu vernachlässigen. Komplimente über dein Aussehen ermutigen dich, dass du dich selbst pfleglicher behandelst, selbstsicherer wirst und deine Aufgaben im Alltag mit mehr Selbstbewusstsein verrichtest. Hier einige Tipps, um dich im besten Licht zu präsentieren:

◆ Kleidung bügeln/tipptopp in Schuss halten
◆ Kleidung wählen, die wie angegossen passt

- Kleidung in die chemische Reinigung bringen, wie auf dem Etikett empfohlen
- dein Lieblingsparfum benutzen, je nach Jahreszeit
- dafür sorgen, dass dein äußeres Erscheinungsbild stets tadellos ist, ganz gleich bei welchem Anlass
- dich zur Expertin deines persönlichen Stils entwickeln

Der erste Eindruck entsteht augenblicklich. Allein der Blick auf deine Kleidung reicht aus, um sich ein Urteil über dich zu bilden, ob man sich dir beispielsweise nähern oder lieber einen großen Bogen um dich machen sollte, ob du vertrauenswürdig, liebenswürdig, optimistisch oder jemand bist, den andere als selbstverständlich betrachten. Diese Einschätzungen basieren nicht immer auf der Realität, aber beeinflussen dennoch, wie andere dich behandeln. Im Verlauf des Prozesses, Selbstliebe zu entwickeln und der Liebe den Weg in dein Leben zu ebnen, solltest du in besonderem Maß auf die Details achten (vor allem auf diejenigen, die dir das Gefühl geben, authentisch zu sein), sodass du Selbstvertrauen und Selbstliebe in deine Alltagsaktivitäten einbringen kannst.

Mental anregende Hobbys

»Meine Haut schimmert, mein Bankkonto wächst und meine Beziehung zu Gott ist besser geworden. Das Leben ist fantastisch. Das ist das Ziel.«

Hut ab, wenn du dir die Zeit nimmst, dein Selbstbild zu optimieren. Hobbys und Interessen in den verschiedensten Lebensbereichen wie Kunst, Gemeindearbeit, Kirche, Sport und andere Freizeitaktivitäten fördern die Kommunikationsfähigkeit, die emotionale Entwicklung und die Verankerung neuer Denkweisen. Egal ob du einen Kochkurs belegen, Museen besuchen oder dich der Gartenarbeit widmen möchtest, es ist an der Zeit, neue Freizeitaktivitäten auszuprobieren, die dir Spaß machen könnten. Wenn du ständig zu Hause hockst und vertraute Aktivitäten zur Gewohnheit werden, beeinträchtigst du deine Fähigkeit, problematische Situationen zu überwinden und die Tür für persönliches Wachstum zu öffnen. Die Aktivitäten, für die du dich entscheidest, sollten dich aufrichtig interessieren. Sie sollten dich in ihren Bann ziehen oder zu den Dingen gehören, die du schon immer einmal ausprobieren wolltest.

Wenn du bereits eine Liste mit Aktivitäten hast, die dich faszinieren, solltest du dir jetzt die Zeit nehmen, die eine oder andere zu erkunden. Du brauchst keinen Partner, um einen lang gehegten Wunsch zu realisieren. Du befindest dich in guter Gesellschaft, wenn du diesen Aktivitäten mit Freunden, Familienangehörigen oder *alleine* nachgehst. Wenn du lernst, dich dabei in deiner eigenen Gesellschaft wohlzufühlen und deinen inneren Frieden und das wachsende Selbstvertrauen zu genießen, bist du nicht mehr aufzuhalten. Dir wird vielleicht bewusst, dass du gerne eine Begleitung hättest, aber *nicht brauchst,* um glücklich und zufrieden zu sein. Hobbys nachzugehen und neue Aktivitäten auszuprobieren hat mehrere Vorteile. Hier einige Beispiele:

◆ Du hebst damit dein Selbstwertgefühl.
◆ Du erweiterst das Spektrum deiner Interessen.
◆ Du entwickelst Beziehungskompetenz.
◆ Du förderst die Fähigkeit, einen sinnvollen Beitrag zu leisten.

Wenn du in einem bestimmten Bereich Schwächen hast oder ungenutzte Talente erforschen möchtest, kann die Teilnahme an entsprechenden Aktivitäten die brachliegenden Aspekte deiner Persönlichkeit fördern, deine Selbstkenntnis verbessern, bleibende Erinnerungen schaffen und die Selbstwahrnehmung aufbauen. Viele von uns würden in einem bestimmten Bereich gerne Spitzenleistungen erzielen, und wenn wir älter werden, möchten wir die Erfahrung machen, dass wir unsere Fähigkeiten noch optimieren können. Sich die Zeit zu nehmen, um den eigenen Horizont zu erweitern und die vorhandenen Kompetenzen zu stärken, ist eine Investition, die es in Betracht zu ziehen lohnt.

Vielleicht ist deine Beziehungsfähigkeit verbesserungsbedürftig, und wenn ja, können neue Aktivitäten mit Menschen aus den unterschiedlichsten Lebensbereichen dabei helfen. Das, was wir lieben, mit dem zu verbinden, worauf wir neugierig sind, stellt eine der besten Gelegenheiten dar, die eigenen Interessen breiter zu streuen. Die Abwechslung, die du damit in dein Leben bringst, ermöglicht dir, neue Leute kennenzulernen, andersgeartete Gespräche zu führen und neue Perspektiven zu entwickeln. Sie gestattet dir, deine Welt in weit größerem Maßstab wertzuschätzen. Hier einige Aktivitäten und Hobbys, die dir dabei helfen:

◆ kreatives Schreiben
◆ Reiten
◆ Gesangsunterricht
◆ Stricken
◆ Gartenarbeit
◆ Schwimmen
◆ Kalligrafie
◆ Sprachen lernen
◆ Bildhauern
◆ Innendekoration/Renovieren
◆ Geige spielen
◆ kirchliche Aktivitäten, die dich interessieren

- Teilnahme an lokalen Theaterproduktionen
- Kurse, um neue Fähigkeiten zu erwerben, beispielsweise digitale Bildbearbeitung

Diese Offenheit des Herzens beim Ausprobieren neuer Hobbys lässt dich außerdem entdecken, wofür du wirklich »brennst«. Du nutzt die Chance, in Kontakt mit Menschen zu kommen, die deine Interessen und Leidenschaften teilen. Du bist in der Lage, einen Aspekt deiner Persönlichkeit zum Ausdruck zu bringen, der vielleicht auf den Rücksitz verbannt war, sei es durch Stress, eingefahrene Gewohnheiten oder Menschen in deinem Leben, die dich in deiner Entwicklung gebremst haben. Nimmst du dir Zeit für diese Aktivitäten, dann nimmst du die Gelegenheit wahr, dich selbst an die erste Stelle zu setzen und dich für einen potenziellen Partner mit den gleichen Interessen zu öffnen. Obwohl du den Aktivitäten ausschließlich für dich selbst nachgehen solltest, bahnst du über diese kreativen Kanäle der Liebe den Weg in dein Leben, oft dann, wenn du es am wenigsten erwartest.

Ungeachtet dessen, ob du bereit bist, dich für diese Liebe zu öffnen: Du hast den Heilungsprozess angestoßen, weil du eine Möglichkeit gefunden hast, einen Aspekt deiner Persönlichkeit zu entdecken und zu fördern, den du vielleicht zum Schweigen verurteilt oder für selbstverständlich gehalten hast. Wenn andere dich als vorhersehbar betrachten, ist es nun an der Zeit, deine Sinne aus dem Dornröschenschlaf zu wecken und die Segnungen und Chancen zu nutzen, die Gott dir bietet. Du bist niemals zu alt oder zu jung, um im *Hier und Jetzt* zu leben.

Die Entdeckung deiner wahren Interessen und Leidenschaften ist nach meinem Dafürhalten nicht zuletzt deshalb so wichtig, weil du damit die Scherben einsammeln und ein neues, besseres *Selbst* schaffen kannst, das man als Version 2.0 bezeichnen könnte. Doch dazu musst du dir zuerst klarmachen, wer du wirklich bist. Du musst herausfinden, wo du in ebendiesem Augenblick im Leben stehst, wo deine Grenzen sind, was dir gefällt, was dich glücklich macht, welche Aspekte deiner Persönlichkeit in bestimmten Situationen zum Tragen kommen usw. Die Liste ließe sich endlos fortsetzen, doch die ultimative Wahrheit verbirgt sich in dem Wissen, dass bestimmte Situationen dich zwar ins Wanken bringen, aber nicht brechen können. Selbst in den Phasen, in denen du besonders verletzlich warst, wusstest du tief in deinem Innern, dass du irgendwann wieder auf die Beine kommen *kannst* und *wirst*.

Das Gefühl, dass etwas zerbrochen ist, heißt nicht, dass du daran zerbrichst. Du bist am Boden zerstört, aber in der Lage, wieder aufzustehen. Die zahlreichen Situationen, die mit Verletzung und Schmerz einhergingen, haben deine Schwachstellen offenbart und dir die Chance geboten, diese Bereiche zu stärken. Wie immer deine frühere Beziehung auch geendet haben mag, dir bietet sich die Gelegenheit, es beim nächsten Mal besser zu machen und um deiner selbst willen an dir zu arbeiten. Du nimmst dir bewusst vor, in der Beziehung zu deinem nächsten Partner dein Verhalten zu ändern, weil dir dein bisheriges Verhalten nicht gefallen hat. Und du nimmst dir bewusst vor, niemandem mehr zu erlauben, dir Minderwertigkeitsgefühle einzuimpfen.

Der Glaube versetzt bekanntlich Berge. Diese Regel trifft auf alle nur erdenklichen Situationen zu, doch in diesem Kontext bedeutet es: Du kannst alles im Leben erreichen, wenn du an dich glaubst. Falls du dich jemals gefragt haben solltest, warum manche Leute so sehr von sich selbst überzeugt sind, dass sie davon ausgehen, ihre Meinung sei die einzig wahre, hier die Antwort: Sie wissen, dass sie alles sein, haben und verwirklichen können, was sie anstreben. Sie wissen, wer sie sind, ganz egal ob andere Leute die Dinge glauben, zu denen sie sich bekennen. Sie nehmen eine klare Haltung ein, wenn es um ihre Selbsterkenntnis geht, und besitzen eine unerschütterliche Selbstachtung. Sie zerbrechen sich nicht den Kopf darüber, was andere von ihnen denken, ob sie akzeptiert oder verstanden werden. Stattdessen sind sie sich selbst genug, und alles, was ringsum geschieht, fügt sich in ihre Welt ein statt umgekehrt.

Du bist eine Tochter des Allmächtigen. Du bist eine Königin. Du wurdest aus Liebe erschaffen. Du bist stark und unzweifelhaft bemerkenswert. Du bist eine einzigartige Frau, deren Seele eine Schönheit ausstrahlt, die ihren Weg in die Welt findet. Du bist ein wertvoller, liebenswerter Mensch, nach Gottes Ebenbild geformt. Du wirst gebraucht, geliebt und respektiert. Deine Gegenwart ist ein Segen. Deine Fähigkeiten und Talente sind beeindruckend, und du bist auf der Erde, weil du wichtig bist.

Du hast der Welt etwas zu bieten. Es gibt niemanden, der dir gleicht. Es wird nie jemanden geben, der dir gleicht. Dein Lächeln wird gebraucht. Deine Gedanken werden gebraucht. Dein Herz wird gebraucht. Deine Seele wird gebraucht. Du bist das Wunder, um das jemand gebetet hat. Du bist ein Segen für andere. Du bewirkst einen Unterschied. Du repräsentierst den Unterschied, weil du eine individuelle Persönlichkeit bist. Du bist »die Frau, welche …«.

Du bist ein Kind Gottes. Du bist ein wertvoller Mensch. Du bist der Grund dafür, dass irgendjemand lächelt. Du bist geachtet. Du bist heute noch genauso unverzichtbar wie vor Jahren. Du hast einen Platz in dieser Welt.

Diese Worte der Affirmation spiegeln wider, wer du in Wirklichkeit bist. Wenn du dieses Selbstbild verinnerlichst, kannst du Entscheidungen treffen, die auf deinen Überzeugungen bezüglich dir selbst basieren. Deine Entscheidungen dienen nicht nur dir, sondern auch den Menschen in deinem Umfeld. Diese Wiederentdeckung des Menschen, der du bist und vor Gottes Angesicht immer warst, ermöglicht dir, deinen wahren Lebenszweck zu erkennen. Statt hinter der Fassade zu leben, die sich andere für dich wünschen, oder dich in einer Identität zu verlieren, die dir aufgezwungen wird, kannst du beschließen, dein wunderbares wahres Selbst willkommen zu heißen.

Wenn du dich für ein authentisches Leben entscheidest, ziehst du Menschen und Situationen an, die mit deinen Wertvorstellungen kompatibel sind. Du begreifst, wen oder was du dir als Teil deines Lebens wünschst, und hörst auf, dir den Kopf darüber zu zerbrechen, was sich alle anderen für dich wünschen. Du bist fähig, verborgene Wahrheiten aufzudecken und Einsicht in deine Persönlichkeit und in deine Innenwelt zu gewinnen. Wenn du wiederentdeckst, wer du wirklich bist, musst du zu deinen Wurzeln zurückkehren, und das gelingt nur, wenn du ein paar einfache Fragen über dich selbst beantwortest. Wichtig ist auch, die Gründe für jede Antwort zu erforschen und ihre Bedeutung für dich zu verstehen. Hier einige Fragen, die du dir stellen solltest:

◆ Was treibt mich an? Und warum?
◆ Was esse ich am liebsten? Und warum?
◆ Was macht mich glücklich? Und warum?
◆ Was betrachte ich als meine größte Leistung? Und warum?
◆ Welche drei Aktivitäten haben derzeit für mich absolute Priorität? Und warum?

- Was würde ich den ganzen Tag tun, wenn Geld kein Thema wäre? Und warum?
- Wie würde ich mich beschreiben? Und warum?
- Worauf könnte ich, von den Notwendigkeiten abgesehen, keinen Tag verzichten? Und warum?
- Welche ist meine Lieblingsfarbe? Und warum?
- Wie gehe ich mit schwierigen Situationen um? Und warum?
- Was bringt mich zum Lächeln? Und warum?
- Würde ich mich als introvertiert oder als extrovertiert bezeichnen? Und warum?
- Welches meiner Sinnesorgane ist meiner Meinung nach am stärksten ausgeprägt? Und warum?
- Wie sehr verlasse ich mich auf meine Intuition? Und warum?
- Wie lautet mein persönliches Motto? Und warum?
- Welche drei Dinge gehen mir beinahe täglich durch den Kopf? Und warum?
- Was ist mein Traumjob? Und warum?
- Was würde ich gerne alleine unternehmen? Und warum?
- Was würde ich gerne mit Freunden unternehmen? Und warum?
- Was würde ich nie wieder tun? Und warum?
- Wer kennt mich am besten? Und warum?
- Was würde ich immer wieder gerne tun? Und warum?
- Was sollten andere über mich sagen? Und warum?
- Was liegt mir am meisten am Herzen? Und warum?

Die Liebe auf ein Podest stellen

In dem Bemühen, einen Zustand zu erlangen, in dem du dich heil und unversehrt fühlst, musst du die bewusste Entscheidung treffen, dass deine Liebe nicht nur für den richtigen Partner, sondern letztendlich auch für dich ausreicht. Wärst du glücklich und zufrieden, wenn du die gleiche Liebe empfangen würdest, die du anderen zuteilwerden lässt? Ich stelle diese Frage, weil ich glaube, dass du in deinem tiefsten Innern verstehst, was Liebe bedeutet und was sie umfasst.

Die Liebe ist langmütig, die Liebe ist gütig. Sie ereifert sich nicht, sie prahlt nicht, sie bläht sich nicht auf. Sie handelt nicht ungebührlich, sucht nicht ihren Vorteil, lässt sich nicht vom Zorn reizen, trägt das Böse nicht nach. Sie freut sich nicht über das Unrecht, sondern freut sich an der Wahrheit. Sie erträgt alles, glaubt alles, hofft alles, hält allem stand.
(1. Korinther 13,4–7; Einheitsübersetzung,
© Katholische Bibelanstalt, Stuttgart)

Auf irgendeiner Ebene weißt du, dass deine Liebe ausreicht. Deine Liebe offenbart sich in ihrer reinsten Form als Wahrheit, Verletzlichkeit, Loyalität, Empathie, Freude, Energie und Heilung. Der Glaube, dass du materielle Dinge oder andere Menschen brauchst, die dich lieben, ist eine Fehlannahme. Wenn du die Liebe verstehst, in deren Geist Gott dich geschaffen hat – die Liebe, die dich gerettet hat, und die Selbstliebe, die keiner Bestätigung durch andere bedarf –, befindest du dich in Einklang mit dir selbst und in einer Position, die dich zu ganzheitlichem Handeln befähigt.

8

WAS SICH ÄNDERN MUSS

Du hast die eine oder andere Lektion gelernt. Du hast vermutlich ein paar Dinge über dich selbst herausgefunden, die dir nicht gefallen, und einiges, was du aus heutiger Sicht anders machen würdest. Möglicherweise ist dir bereits bewusst geworden, dass auch du in der Beziehung keineswegs perfekt warst und der Mann deiner Wahl alles andere war als das, was du gebraucht hättest. Geist und Seele nehmen nun Anpassungen vor, um Klarheit zu gewinnen und ihren Aufgaben optimal nachzukommen. Was du bisher durchgemacht hast, fällt dabei weniger ins Gewicht als der Umgang mit der Situation und welche Schlussfolgerungen du daraus gezogen hast. Wenn du immer noch aufrichtig überzeugt sein solltest, dass du nichts falsch gemacht und nichts Unrechtes getan hast, dann ist es wirklich an der Zeit für eine objektive Selbstbetrachtung.

Einige deiner Entscheidungen haben dazu geführt, dass du dir diesen Mann und keinen anderen ausgesucht hast. Vielleicht hast du keine verheerenden Schäden verursacht oder irgendetwas angerichtet, was der Rede wert wäre, aber es besteht mit Sicherheit Einsichtsbedarf. Du musst akzeptieren, dass er nicht der richtige

Partner war. Ungeachtet dessen, wie sehr du dir auch wünschen magst, dieses Puzzleteil in dein Weltbild einzufügen, es gehört nicht mehr dorthin. Er hat ohne Zweifel beschlossen, nicht länger Teil deiner Welt zu sein, denn sonst würde er seine Liebe zu dir auch heute noch in Wort und Tat zum Ausdruck bringen und nicht nur dann, wenn er in der richtigen Stimmung ist oder damit etwas zu erreichen hofft.

Es muss sich also etwas ändern. Es ist an der Zeit, die Mauern der gewohnten Denk- und Verhaltensweisen niederzureißen. Es gilt, einen Plan zu entwickeln, die Wünsche, Bedürfnisse und die Richtung zu skizzieren, die du nun einschlagen willst. Mit einem konkreten Aktionsplan in der Hand solltest du dich fragen, woran du glaubst und ob du nicht schon alles hast, was du brauchst. Lautet die Antwort Nein, ist es an der Zeit, neue Wege zu gehen. Lautet die Antwort Ja (und ich empfehle dir, ernsthaft darüber nachzudenken, wenn du immer wieder den gleichen Typ Mann anziehst), solltest du die Messlatte in Bezug auf das, was du bei einem Partner erwartest und akzeptierst, höher legen.

Du befindest dich nun in einer neuen Situation, mit neuen Gefühlen, die deine Gedanken antreiben. Deshalb ist es unumgänglich, die alten Gedanken loszulassen, die dir nicht mehr dienen, und neue Denkansätze weiterzuentwickeln, die dazu angetan sind, dich zu schützen. Vorwärts gehen und Loslassen ist ein Prozess, der eine mentale Neuprogrammierung erfordert. Gegen die eigenen Gefühle anzukämpfen macht den inneren Wandel nicht leichter. Damit bewirkst du vielmehr das genaue Gegenteil. Du verschwendest auch noch den letzten Rest der Energie, die dir geblieben ist, mit dem Versuch, den Kummer zu kompensieren, sodass die Heilung noch schmerzhafter und die Veränderung, die du aus eigener Kraft vorantreiben musst, noch schwieriger wird.

Einstellung und Sichtweise

»Ich habe eine neue Einstellung gewonnen.«
»*New Attitude*«, ein Lied von Patti LaBelle

Eine der Veränderungen, die du in Betracht ziehen solltest, ist der Einstieg in dein besseres Selbst, um deine innere Einstellung und dein äußeres Erscheinungsbild zu optimieren. Sollte es jemals eine Zeit gegeben haben, in der du klammheimlich dachtest: »Single zu sein ist vielleicht gar nicht so übel«, dann darfst du drei Mal raten: Du hattest recht. Das Singledasein ist alles andere als trostlos. Auf der anderen Seite ist das Gras auch nicht immer grüner. Grüner ist es nur dort, wo man es hegt und pflegt. Jetzt bist du also Single. Du befindest dich in einer Situation, in der du vielleicht nie mehr sein wolltest, aber hallo – jetzt hast du wieder Boden unter den Füßen und solltest das Gras hegen und pflegen, auf dem du stehst. Vielleicht glaubst du, in einer Partnerschaft besser zu funktionieren, oder gehörst zu denen, die eine Beziehung brauchen, um ihre Daseinsberechtigung daraus abzuleiten oder sich als Teil eines Ganzen zu fühlen.

Gehen wir dieser Sichtweise einmal auf den Grund. Du bist mehr als ein Teil einer Zweierbeziehung. Deine Ansichten als Individuum zählen. Deine Entscheidungen als Individuum zählen. Du solltest dich unwohl bei dem Gedanken fühlen, ausschließlich über deinen Paarstatus definiert zu werden. Wenn du meinst, andere müssten dich im Doppelpack als »Robert und seine Freundin« wahrnehmen, empfiehlt es sich, eine Innenschau abzuhalten. Warum fühlst du dich nicht stark genug, auf eigenen Füßen zu stehen? Warum ist deine Bindung an ihn so nachhaltig, dass du dein Selbstwertgefühl verloren hast? Welcher Aspekt eines anderen Menschen verleiht dir ein Gefühl der Ganzheitlichkeit, das du für dich selbst nicht empfindest? Ich bin sicher, dass sich »Robert« (als Mann, der sich gerne absichert) eine Partnerin wünscht, die eine eigene Meinung hat und eigenständig ist.

Es ist an der Zeit, deiner inneren Stärke nachzuspüren und dich dabei mit dem nächsten Schritt auf deinem Weg zu befassen. Deine Stärke stützt sich auf das Wissen, dass dein gebrochenes Herz heilen wird. Du musst deine Gedanken auf die Tatsache richten, dass dieser Augenblick in deinem Leben vorübergeht. Mit ein wenig Zeit, Gebeten und einer allmählichen Verbesserung deines Selbstwertgefühls wird sich deine Situation bald ändern. Beschließe hier und jetzt, deine innere Einstellung zu verändern. Lass nur positive Gedanken in Bezug auf dich selbst und alles andere zu. Wenn Erinnerungen an deine ehemalige Beziehung, deinen Ex oder negative Gedanken auftauchen, die dich oder deine Situation betreffen, solltest du ihnen nicht ausweichen. Gib dir stattdessen ein wenig Mühe, dir Dinge ins Gedächtnis zu rufen, die dich glücklich machen. Wenn dich der Gedanke zur Weißglut treibt, dass du Schulden gemacht hast, um deinem Ex ein Auto zu finanzieren, ziehst du nur noch mehr Gedanken an, die deine Wut befeuern, und vergeudest die nächste halbe Stunde mit sinnlosem Zorn. Danach bist du immer noch wütend und zudem erschöpft, denn du hast dir vermutlich einen Schlagabtausch mit allem Drum und Dran ausgemalt, beispielsweise was du getan oder gesagt haben solltest usw.

Das ist keine gute Strategie, mit einem so heiklen Thema umzugehen. Wenn dir ein negativer Gedanke durch den Kopf geht und schmerzhafte Gefühle nach sich zieht, schalte einfach um: Stell dir eine Spielfilmszene vor, die dich erheitert hat. Mal dir aus, wie du ein Haus kaufst und es einrichtest oder wo du deinen nächsten Urlaub verbringen möchtest. Du kannst sogar über den künftigen Mann in deinem Leben und die vielen Dinge nachdenken, mit denen er dich zum Lachen bringt. Das ist eine wirksame Methode, um im Handumdrehen von einem negativen in einen positiven mentalen Zustand überzuwechseln. Auf diese Weise trimmst du deine Gedanken darauf, sich nach vorne zu bewegen, und bringst unmissverständlich zum Ausdruck, dass du dich aus der negativen Endlosschleife ausklinken willst. Dort, wo sich der Geist verankert, verankert sich auch das Herz, und wenn du aufrichtig bemüht bist, etwas zu verändern, musst du mit deiner inneren Einstellung beginnen.

Es gilt, deine Einstellung und deine Gefühle anderen gegenüber noch einmal genau zu überprüfen. Wenn du dabei feststellst, dass du Bitterkeit und Groll empfindest … lass beides los. Kummer und Schmerz sollten die Beziehung zu den Menschen in deinem sozialen Umfeld nicht beeinträchtigen. Diejenigen, denen dein Wohl am Herzen liegt, möchten nicht miterleben, dass du sie anblaffst oder bei der kleinsten Kleinigkeit sauer reagierst. Du lässt die Bitterkeit los, wenn du dich auf Gott einlässt. Nimm dir Zeit, um deine Gefühle in SEINE Hand zu legen, und mach dir bewusst, dass sie berechtigt sein mögen, dich aber nicht zu einem Leben in Unfreiheit verdammen sollten, da du damit nur dich selbst und andere verletzt.

Keine Männerfeindlichkeit, bitte!

Bitterkeit und heimlicher Groll können dazu führen, eine Antipathie gegen das andere Geschlecht zu entwickeln. Männerhass ist nach meiner Auffassung wenig attraktiv. Du bist vielleicht versucht, die gesamte männliche Spezies zu verdammen und Männer allesamt in einem – unverdient – negativen Licht zu betrachten. Das bezeichnet man als Männerfeindlichkeit oder *Männer-Bashing*. Enthalte dich solcher Gedanken und verzichte darauf, dich an Gesprächen zu beteiligen, in denen andere ihren Frust vom Stapel lassen. Fakt ist, dass es gute und schlechte Männer gibt, genau wie es gute und schlechte Frauen gibt. Männerfeindlichkeit ist nicht dazu angetan, deinem künftigen Liebsten den Weg in dein Leben zu ebnen. Du erreichst damit nur das genaue Gegenteil und verscheuchst die vielversprechenden Kandidaten aufgrund deiner tief verwurzelten negativen Einstellung gegenüber allen Männern.

Nicht jeder Mann hat dir das Gleiche angetan wie dein Ex. Du solltest überlegen, warum du die Männer, die in deinem Leben eine Rolle gespielt haben, ausgewählt hast. Was hat dich in ihren Bann gezogen? Was findest du an diesem Männertyp so unwiderstehlich? Frage dich, ob seine Anziehungskraft stärker ins Gewicht fällt als deine Anforderungen an einen Partner. Einfacher ausgedrückt: Du ziehst nicht das an, was du dir wünschst, indem du zum Ausdruck bringst, was dir missfällt, und dich daran klammerst. Du heißt Veränderungen willkommen, wenn du über das sprichst, was dir gefällt, und entscheidest, die positiven Aspekte in deiner Situation zu sehen. Wenn du immer noch mit deinem neuen Singlestatus auf Kriegsfuß stehst, solltest du dich fragen: »Was ist an meiner derzeitigen Situation *gut*?« Die Antwort hängt allein von der Sichtweise ab. Es ist an der Zeit, sich deinen Problemen zu stellen und daraus zu lernen. Jetzt hast du die Gelegenheit, dein Leben wieder in den Griff zu bekommen. Du lernst, wie man einen Verlust auf einer anderen Ebene verarbeitet, und entdeckst deine innere Stärke. Du solltest dir die Sichtweise aneignen, dass du das nächste Mal genau das bekommst, was du dir wünschst und brauchst. Es ist deine große Chance, dich weiterzuentwickeln, statt stehen zu bleiben und dich in deiner Situation einzurichten. Deine neue Sichtweise sollte außerdem eine positive Aussage enthalten, die an dich selbst gerichtet ist: »Das Kapitel Verwirrung ist abgeschlossen. Nun habe ich die Möglichkeit, noch einmal ganz von vorne anzufangen« oder »Endlich kann ich mich entspannen ohne unnötigen Stress.«

Die eigenen Erwartungen formulieren

Auch deine Erwartungen sollten sich ändern. Das bedeutet, dass du dich fragst, was du von deiner Zukunft, deiner nächsten Beziehung und von dir selbst erwartest. Was ist deiner Meinung nach ein absolutes Muss in einer Partnerschaft? Wenn du etwas aus deiner letzten Beziehung gelernt hast, betrifft es mit Sicherheit das, was du »tun und lassen« und »begrüßen oder ablehnen« würdest. Ein Beispiel für einige dieser Erwartungen wäre: »*Vertrauen, bedingungslose Liebe und die Fähigkeit, sich zu öffnen und ohne Werturteil* über alles reden *zu können, ist für mich ein absolutes Muss.*«

Vertrauen könnte beinhalten, dass du von der Richtigkeit oder Redlichkeit der Aussagen deines Partners überzeugt bist. *Bedingungslose Liebe* bedeutet, dass er dich zu schätzen weiß, egal ob du eine Firma leitest oder Studentin ohne Arbeit oder festes Einkommen bist. *Ohne Werturteil über alles reden zu können* schließt ein, dass du deine Gedanken und Gefühle zum Ausdruck bringen kannst, angefangen bei deinen Ängsten bis hin zu deinen heimlichen Leidenschaften oder vergangenen Fehlern, und dessen ungeachtet als Frau von Format respektiert wirst. Das bezeichnet man als Liebe ohne Wenn und Aber. Auch wenn dieses Bild nicht hundertprozentig deinen Vorstellungen entspricht, weißt du vermutlich, was damit gemeint ist. Hier handelt es sich um realistische

Erwartungen. Und obwohl sie keine Gewähr bieten, dass dein künftiger Partner »perfekt« sein wird, ist er der Richtige für dich, weil er deinen Wünschen und Bedürfnissen weitgehend entspricht.

Wenn du deine Erwartungen formulierst, solltest du Raum für die Möglichkeit lassen, dass sie anders erfüllt werden, als du es dir vorstellst. Es sollte Raum für eine geringfügige Fehlerquote bleiben, die den Anstoß für Nachbesserungen gibt. Ein Beispiel wäre die Erwartung, in einer Beziehung immer respektiert zu werden. Eine berechtigte Forderung. Doch was ist, wenn deinem künftigen Partner ein Ausrutscher unterläuft, den du als Beleidigung und Respektlosigkeit wertest? Beendest du die Beziehung auf der Stelle oder weist du ihn darauf hin, dass du dieses spezifische Verhalten als respektlos empfindest und kein zweites Mal hinnehmen würdest, und wartest ab, wie es weitergeht?

SOLLTEST DU DEINE ERWARTUNGEN SCHRIFTLICH AUFLISTEN?

Wenn du überlegst, ob es sinnvoll wäre, deine Erwartungen schriftlich festzuhalten, lautet die Antwort: Nein. Es bringt nichts, fünfzig Anforderungen aufzulisten, die dein künftiger Partner erfüllen sollte. Drei bis fünf grundlegende Erwartungen, die dir wichtig sind und an denen du festhältst, reichen aus (oder noch weniger, wenn möglich). Erwartungen sind von persönlichen Normen geprägt. Auch wenn sie nicht oberflächlich erscheinen, bleiben es *deine* Erwartungen, wenn du Wert auf eine Beziehung mit Substanz legst. Du solltest außerdem herausfinden, woher du diese Erwartungen ableitest und warum. Viele dieser Erwartungen sind auf Freunde, Familienmitglieder, die Gesellschaft schlechthin und andere äußere Einflussfaktoren zurückzuführen, doch du solltest dich in Einklang mit denjenigen befinden, die einen Nachhall in dir erzeugen.

Deine Erwartungen sollten darüber hinaus auch in deiner Selbstentwicklung verankert sein. Was erwartest du von dir selbst hinsichtlich der Richtung, die dein Leben nehmen soll, der Aktivitäten, denen du nachgehen möchtest, und der Gefühle, die du begrüßen würdest? Erwartungen an dich selbst könnten beispielsweise folgende Aussagen sein: »Ich erwarte von mir, dass ich an meine Entscheidungen und an die Menschen und Situationen glaube, denen ich den Weg in mein Leben ebne« oder »Ich erwarte, dass ich an dem festhalte, was ich für meine Zukunft als richtig empfinde, ungeachtet dessen, wie sich mein Leben derzeit gestaltet und was sich jetzt gut anfühlt.«

Die Fähigkeit, deine Erwartungen eigenhändig zu steuern, fördert das Verlassen der Komfortzone und die Erfahrung des Wandels. Mit einer anderen Sichtweise wächst dein Vertrauen, und die Selbstverbesserungsmaßnahmen, die du eingeleitet hast, nehmen Fahrt auf.

Veränderung beginnt mit der Arbeit an sich selbst

Jeder Wandel, der stattfindet, beginnt im Innern. Äußere Veränderungen lassen sich nur dann bewerkstelligen, wenn man beschließt, sich innerlich zu verändern. Du musst bestrebt sein, dich selbst und deine Situation zu verbessern, weil du überzeugt bist, dass du etwas Besseres verdient hast als das, was du bisher hingenommen hast. Du hast dich weiterentwickelt und kannst nun akzeptieren, dass einige grundlegende Veränderungen unumgänglich sind. So fabelhaft du auch sein magst, du verfügst höchstwahrscheinlich auch über einige Eigenschaften, bei denen Verbesserungsbedarf besteht.

Ein Schwachpunkt wäre vielleicht, dass du nicht so häuslich

bist, wie du gerne sein möchtest. Vielleicht würdest du gerne kochen lernen oder dir angewöhnen, jeden Morgen dein Bett zu machen (auch wenn du alleine lebst). Was die Charakterentwicklung betrifft, so möchtest du vielleicht lernen, auf Menschen zuzugehen und als Gastgeberin Abendessen und Spieleabende zu organisieren. Oder du wünschst dir mehr Eigeninitiative und würdest gerne in einem Seminar oder Kurs, beispielsweise in einem Tanzkurs lernen, dein Führungspotenzial aufzubauen. Verbessere deine Kompetenz in Bereichen, die bei deiner nächsten Beziehung hilfreich sein könnten. Denk aber stets daran, dass die wichtigsten Charaktereigenschaften diejenigen sind, die dein Selbstwertgefühl, deine Fürsorglichkeit gegenüber anderen Menschen und deine Fähigkeiten betreffen – in dieser Reihenfolge. Wenn sich dein Expartner über den Mangel an Fürsorge, deine Unsicherheiten oder deine Unfähigkeit beklagt hat, klar deine Meinung zu äußern, solltest du diese Bereiche erforschen, ohne deinen Seelenfrieden zu gefährden.

Veränderungen können sich erst dann fest verankern, wenn du den eingeschlagenen Weg so lange fortsetzt, bis die neuen Verhaltensweisen zur Gewohnheit geworden sind. Mit anderen Worten: Veränderungen werden nur durch ständige Einwirkung und Wiederholung zur Realität, ungeachtet deiner Gefühle. Anfangs fällt es dir vielleicht leicht, dich darauf einzustellen, doch schon nach wenigen Tagen oder Wochen boykottieren Geist und Seele möglicherweise die neuen Denk- und Verhaltensweisen, weil sie fremd anmuten. Sie fragen sich nach dem Warum und versuchen, deine neuen Gewohnheiten zu unterlaufen. Dann wird es schwierig. Das ist so ähnlich wie beim Besuch im Fitnessstudio. Du beginnst das Training mit den besten Absichten, aber schließlich gibst du den Einflüsterungen deines Verstandes nach, der dir einredet, so viel *Action* sähe dir gar nicht ähnlich und es sei viel angenehmer, zu Hause zu bleiben und fernzusehen. Du musst die Willenskraft aufbringen, Hindernisse zu überwinden und deinen Weg fortzusetzen, bis Körper und Geist die neuen Verhaltensweisen akzeptieren und sie zur neuen Normalität werden.

Im Interesse der Dankbarkeit: Du schaffst den Neustart!

Betrachte das Ganze doch einmal von einer anderen, positiven Seite: Die Beziehung gehört der Vergangenheit an. Sei dankbar, dass es so gekommen ist. Sei dankbar für das, was du aus dieser Erfahrung gelernt hast. Der Schmerz, den du jetzt empfindest, ist allemal besser, als jeden Morgen mit dem Wissen aufzuwachen, dass die Situation auf Dauer unhaltbar ist und das Unvermeidliche nur hinausgezögert wird. Der Schmerz, an einer gescheiterten Beziehung festzuhalten, ist schlimmer als der Schmerz loszulassen, oder anders ausgedrückt: Lieber ein Ende mit Schrecken als ein Schrecken ohne Ende, wie ein altes Sprichwort besagt. Im Lauf der Zeit wirst du erkennen, dass der Auszug aus dem vermeintlichen Paradies auf Erden (an manchen Tagen) befreiend sein kann und irgendwann Anlass zur Freude sein wird. Jetzt ist es an der Zeit, deine Dankbarkeit gegenüber Gott, deiner Familie und deinen Freunden, die dich in Krisenzeiten unterstützt haben, zum Ausdruck zu bringen. Wut und Groll zu empfinden ist leicht, aber dankbar sein, mit Blick auf die Zukunft, ermöglicht einen wesentlich angenehmeren Übergang in die nächste Lebensphase.

Dankbarkeit bewirkt, dass du positiven Gefühlen Vorschub leistest und selbst eine schlechte Beziehung als einen Meilenstein auf deinem Weg in die Freiheit betrachten kannst. Damit förderst du Klarheit und innere Stärke, die du brauchst, um die weniger leichten Tage durchzustehen. Wenn du dankbar bist für die Menschen und guten Dinge in deinem Leben, entscheidest du dich, alles, was kommt, in einem positiven Licht zu sehen. Diese Perspektive trägt dazu bei, Niedergeschlagenheit, das Gefühl der Isolation und Wut zu bekämpfen. Wenn du Dankbarkeit übst, spürst du beinahe auf Anhieb, wie eine schwere Last von deinen Schultern genommen wird. Dir wird bewusst, dass es in deinem Leben vieles gibt, wofür du dankbar sein kannst. Da draußen in der großen weiten Welt gibt es unendlich viel mehr, was du lieben kannst und lieben wirst, und die Menschen, die deinen Weg kreuzen, werden diese Zuneigung erwidern. Es ist an der Zeit, deinen Einsatz im Spiel der Dankbarkeit zu erhöhen, vor allem, wenn du gerade schlechte Karten hast und dich schmerzvollen Veränderungen stellen musst.

Selbst in den dunkelsten Stunden scheint immer irgendwo ein Licht auf. Gott gibt uns niemals auf und lässt uns in dem Chaos, das wir selbst angerichtet haben, nicht allein. Ob du das finstere Tal heulend und zähneknirschend verlässt oder Gott preisen und Dankbarkeit empfinden willst, ist eine Entscheidung, die nur du treffen kannst. Nimm jede Etappe deines Weges mit Liebe wahr, dann wird der Heilungsprozess bald das reinste Honigschlecken.

Die Messlatte der Überzeugungen höher legen

Nach jeder lebensverändernden Erfahrung beginnen sich die alten Überzeugungen in Luft aufzulösen, eine Folge dessen, was du durchgemacht hast. Das ist der ideale Zeitpunkt, um eine neue Marschroute auf der spirituellen, mentalen, emotionalen und physischen Ebene festzulegen. Wenn du nicht besonders versiert darin bist, deiner Fantasie freien Lauf zu lassen oder dich mit dem

Gedanken vertraut zu machen, dass alles möglich ist, wenn du es nur willst, könnte dir dieses Konzept anfangs gegen den Strich gehen. Doch deine Gedanken und Überzeugungen aufgrund deiner negativen Erfahrungen einzuengen hat nur zur Folge, dass die Gefühle, Verhaltensweisen, Menschen und Situationen, denen du den Weg in dein Leben ebnest, unverändert bleiben. Du redest dir ständig ein: »Ich weiß schon, wie das läuft.« Und warum läuft das so? Weil du die Lektion beim ersten Mal nicht gelernt hast. Du hast dich nicht bewusst bemüht zu glauben, dass es auch anders laufen kann, dass deine alten Überzeugungen nicht länger relevant sind. Du könntest einwenden, dass deine bisherigen Ansichten über dich selbst, deinen Partner oder deine Beziehung zu einem schlechten Ende geführt haben, aber ich halte dagegen. Schließlich haben sie zu neuen Einsichten geführt, die dich bewogen haben, einen Schlussstrich zu ziehen (sofern du die Beziehung beendet hast).

Was hält das Schicksal deiner Ansicht nach für dich bereit? An welchen unnützen Überzeugungen hast du in der Vergangenheit festgehalten? Wer oder was hat dich zu einer Überzeugung ermutigt, die du inzwischen über Bord geworfen hast? Bevor du die Initiative ergreifst und eine bindende Verpflichtung gegenüber dir selbst und anderen eingehst, solltest du ein tragfähiges Fundament für die Ideen und Anschauungen errichten, von denen du überzeugt bist. Es sollte unerschütterlich sein, ungeachtet der früheren Umstände.

Es ist durchaus in Ordnung, bestimmte Überzeugungen als überholt einzustufen oder nachzujustieren, aber du brauchst dennoch einen Grundstock an Überzeugungen, der nicht verhandelbar ist, komme, was da wolle. Er sollte sich nicht auf Knopfdruck in Luft auflösen, weil die Situation gerade nicht besonders rosig erscheint oder irgendetwas schiefläuft. Deine Überzeugungen brauchen deine Unterstützung, du solltest für sie einstehen, egal was auch geschieht. Auf diese Weise offenbaren sie sich und erkennen dich als ihre Repräsentantin an. Veränderungen, die sich wie auch immer auf dein Leben auswirken, beginnen stets mit deinen Überzeugungen und dem Engagement, mit dem du sie nach außen hin vertrittst.

Chefsache: Dein persönliches Glück

Wie wichtig sind dir Glück und Zufriedenheit? Die Frage mag töricht klingen, aber Fakt ist, dass du vielleicht glaubst, Glück und Freiheit anzustreben, obwohl du dich in Wirklichkeit zur Gefangenen deiner eigenen Zukunftsvorstellungen gemacht hast, statt dir jetzt die angemessene Fürsorge zukommen zu lassen. Glück und Zufriedenheit sind unverzichtbarer Bestandteil einer gesunden Beziehung zu uns selbst und anderen. Wenn du dem Glück anderer Personen stets den Vorrang einräumst und dein eigenes Wohl hintanstellst, sagst du dir im Grunde, dass du es nicht wert bist, glücklich zu sein, dass du es nicht verdienst. Du signalisierst damit, dass du auf deiner eigenen Rangliste unter »ferner liefen« rangierst. Die langfristigen Auswirkungen können verheerend sein, denn irgendwann könnte ein Sinneswandel eintreten, wenn du beispielsweise zu der Schlussfolgerung gelangst, dass du jetzt an der Reihe bist und dein Glück alles ist, was zählt. Dann schlägt das Pendel in die entgegengesetzte Richtung aus: Du denkst nur noch an dein eigenes Wohl und bist unfähig, eine gesunde Beziehung zu anderen Menschen aufzubauen.

Wenn du beschließt, gut für dich selbst zu sorgen, indem du Körper, Geist und Seele pfleglich behandelst und ihnen den gleichen Respekt zuteilwerden lässt, den du nahestehenden Personen entgegenbringen würdest, wirst du feststellen, dass du dich weniger beklagst, dem Leben mehr Leidenschaft entgegenbringst und weniger darauf gibst, was andere tun oder über dich sagen. Du wirst erkennen, dass die Worte und Taten anderer dich zwar verletzen, aber nicht zerstören können, weil du in deinem tiefsten Innern glücklich und zufrieden bist. Dieser Glückszustand verflüchtigt sich nur dann, wenn du ihn in die Flucht schlägst. Wenn du mit dir selber nicht im Reinen bist, leistest du Konflikten mit anderen Menschen Vorschub. Du sagst dir vielleicht: »Aber ich bin glücklich, wenn ich andere glücklich machen kann.« Das mag stimmen, aber es ist nur eine Frage der Zeit, bis die Selbstvernachlässigung ihren Tribut fordert. Du solltest ein gesundes Gleichgewicht anvisieren bei allem, was du tust. Die Veränderung, die du auf deinem Weg in die Zukunft anstrebst, wurzelt in der Fähigkeit, das eigene Glück zur Chefsache zu erklären.

Da Glück für jeden Menschen eine andere Bedeutung hat, sollte deine persönliche Glücksvorstellung gewissermaßen ein Sanktuarium für dich darstellen. Egal ob du meditierst, liest oder deine Nägel lackierst, um dich zurückzuziehen, du solltest darauf achten, dass du jeden Tag Zeit in deinem Glücksrefugium verbringst. Du gelangst in dein Glücksrefugium, indem du nicht nur Dankbarkeit übst, sondern auch deine täglichen Bedürfnisse wahrnimmst und zu erfüllen versuchst. Der Stellenwert, den du deinem eigenen Glück einräumst, hat sich geändert. Dein Glück hängt nicht mehr davon ab, wer in deinem Leben ein und aus geht, und dein Glücksempfinden sollte niemals lebenserhaltender Maßnahmen bedürfen, weil andere eine Meinung von dir haben, die seine Existenz bedroht. Fürsorglich mit sich selbst umzugehen, auf der inneren und äußeren Ebene, sollte nun auf deiner To-do-Liste ganz oben stehen.

9

ACHT ANZEICHEN, DASS DU DICH AUF DEM RICHTIGEN WEG BEFINDEST

Du befindest dich auf dem Weg der Genesung. Es mag sich nicht so anfühlen, aber es geht dir in Wirklichkeit wesentlich besser als vor einem Jahr, vor ein paar Monaten oder auch nur vor einigen Wochen. Es wird eine Zeit kommen, in der du dich nicht einmal mehr an seinen Namen erinnerst und nur noch den Kopf schüttelst über dein törichtes Benehmen. Wenn du auf ein positives soziales Umfeld achtest und dich von Gedanken und Gefühlen verabschiedest, die nicht mehr zweckdienlich sind, wirst du feststellen, dass die Zeit tatsächlich alle Wunden heilt, wie das Sprichwort besagt. Du hast dein Glück und deinen Seelenfrieden zurückgewonnen und bist imstande, dich an den einfachsten Dingen zu erfreuen. Fakt ist jedoch, dass manche Tage besser zu ertragen sind als andere. Es wird Tage geben, an denen du einem Wechselbad der Gefühle ausgesetzt bist. Tage, an denen du überzeugt bist, endgültig über ihn hinweg zu sein, und Tage, an denen es dir so vorkommt, als wäre die Trennung gerade erst erfolgt.

Während der Heilungsprozess seinen Lauf nimmt, hast du die Wahl, alles Weitere der Zeit zu überlassen oder dein Schicksal selbst in die Hand zu nehmen. Wenn du beschließt, selber aktiv zu werden, wirst du die Erfahrung machen, dass du dich nicht hinter deinen Emotionen verstecken kannst. Du musst ihnen ins Gesicht sehen. Du musst dich der Tatsache stellen, dass die Beziehung beendet ist, dass sie sich *nicht* wiederbeleben lässt und wie von Zauberhand in die Beziehung deiner Träume verwandelt, ungeachtet dessen, was du tust oder unterlässt. Im Verlauf der verschiedenen Heilungsphasen wirst du die für dich besten Möglichkeiten entdecken, deine Frustration zum Ausdruck zu bringen. Du wirst vermutlich mehr als einmal das Bedürfnis haben, deinem Ärger Luft zu machen, und vermutlich immer wieder die gleichen Dinge sagen oder schriftlich festhalten, bis du dich selbst desensibilisiert hast. Du hast jede Hoffnung auf eine Versöhnung aufgegeben und akzeptierst, dass endgültig Schluss ist. Ganz gleich ob das Beziehungsaus im Gespräch mit deinem Ex bestätigt wurde oder ob du eingesehen hast, dass es kein Zurück mehr gibt, du befindest dich jetzt auf dem richtigen Weg und hast beschlossen, dich nur noch mit Leuten zu umgeben, die dich anspornen, die beste Version deines Selbst zu entwickeln.

Die Genesung von einem gebrochenen Herzen ist ein individuell geprägter Weg, und wenn du glaubst, dass er mit jeder Trennung leichter wird, hast du dich getäuscht. Da jede Trennung anders geartet ist, was die Bindung und die Umstände betrifft, nehmen auch die Heilungsphasen einen individuellen Verlauf. Wenn der Heilungsprozess auf der spirituellen Ebene begonnen hat und du genug Kraft gesammelt hast, um deinen Alltag mental zu bewältigen, wirst du auch physisch bald wieder auf dem Damm sein. Es gibt drei Ebenen, auf denen Heilung stattfindet:

SPIRITUELLE HEILUNG. Sobald du erkannt hast, dass sich die Quelle deines Glücks und allen Lebens von einer höheren Macht herleitet, wird dir rasch klar, dass der scheinbare Verlust deinem übergeordneten Wohl dient und durch etwas Besseres ersetzt wird, weil Gott dich liebt. Die Verbindung zu deinem Ex ist niemals stärker als die Liebe, die Gott nun in dein Leben einlädt.

MENTALE HEILUNG. Du wirst merken, dass sich deine Gedanken von der Vorstellung lösen, ohne ihn nicht leben zu können, und sich den eigenen Wünschen und Bedürfnissen zuwenden. Du wirst dich von abgrundtiefer Niedergeschlagenheit und traumatischen emotionalen Erfahrungen erholen. Du wirst die innere Stärke entwickeln, eine neue Verpflichtung gegenüber dir selbst einzugehen, dich nie mehr mit weniger zufriedenzugeben als mit dem, was du verdienst.

PHYSISCHE HEILUNG. Deine körperlichen Symptome, beispielsweise Energiemangel, Übelkeit, Appetitlosigkeit oder Verstopfung, sind ausnahmslos auf Stress zurückzuführen. Sie werden mit der Zeit nachlassen, wenn du dich spirituell und mental auf dem Weg der Besserung befindest. Möglicherweise beschließt du sogar, dich nie wieder in eine Situation zu bringen, in der du dieser Art von Stress ausgesetzt bist.

Beim Umgang mit einem gebrochenen Herzen besteht das wichtigste Ziel darin, sich der Kernprobleme anzunehmen. Das naheliegendste Etappenziel wäre, über ihn hinwegzukommen und die Verbindung so schnell wie möglich abzubrechen. Die folgenden acht Anzeichen lassen erkennen, ob du dich auf dem richtigen Weg befindest, deinen Ex endgültig abzuhaken:

ANZEICHEN: ES INTERESSIERT DICH NICHT LÄNGER, WAS ER TREIBT. Wenn gemeinsame Freunde versuchen, die Unterhaltung auf deinen Ex zu bringen, gelingt es dir, das Thema mit einem Schulterzucken abzutun. Du hast aufgehört, seine Aktivitäten in den sozialen Medien zu verfolgen, weil es dich nicht mehr berührt. Wenn er am Freitagabend in eurem gemeinsamen Lieblingslokal auftaucht, macht dir das nichts mehr aus. Du genießt den Abend genauso, als wäre er nicht da. Die Nächte, in denen du dir nahezu zwanghaft den Kopf zerbrochen hast, ob er noch an dich denkt oder wer deine Nachfolgerin sein könnte, gehören ein für alle Mal der Vergangenheit an. Du hast begriffen, dass er nicht mehr der Dreh- und Angelpunkt deiner Welt ist, und wünschst ihm nur das Beste.

ANZEICHEN: DU HÄTTEST DIE GELEGENHEIT, ES IHM HEIMZUZAHLEN, ABER VERZICHTEST DARAUF. Auch selbstsichere und spirituell geerdete Frauen lassen sich unter Umständen zu Aktivitäten hinreißen, die sie später bereuen. Angenommen, er hat dir heikle Informationen anvertraut. Anstatt sie weiterzugeben, bewahrst du Schweigen darüber, wohl wissend, dass du ihm »eins auswischen« könntest, wenn du aus dem Nähkästchen plauderst. Wenn die Zeit vergeht und deine Gebete beantwortet werden, verflüchtigt sich der Gedanke, dich an ihm zu rächen. Du erteilst ihm die Absolution für sein Verhalten dir gegenüber. Nicht seinetwegen, sondern deinetwegen.

ANZEICHEN: WENN ER SICH BEI DIR MELDET, BIST DU NICHT MEHR WIE ELEKTRISIERT. Wenn das Telefon läutete, hast du früher jedes Mal gehofft, er wäre dran. Du hast alle paar Minuten einen Blick auf dein Handy geworfen und auf eine SMS, ein Update in den sozialen Medien oder einen Anruf von ihm gewartet in dem

Glauben, er würde irgendetwas sagen, was dich aufmuntert. Früher pflegte er sich mindestens einmal am Tag bei dir zu melden und du hast unter den Entzugssymptomen gelitten. Nun, die Zeiten sind definitiv vorbei. Wenn er nun mit dir reden möchte, bist du wenig geneigt, dir anzuhören, was er zu sagen hat. Normalerweise bist du bereits nach dem ersten Klingeln rangegangen, jetzt verpasst du seine Anrufe, weil du voll damit beschäftigt bist, dein Leben aufzubauen. Ihn zurückzurufen rangiert auf deiner Prioritätenliste nicht mehr ganz oben, weil dir klar geworden ist, dass er nichts zu berichten hat, was dich noch interessieren könnte, und du keine Lust hast, deine Zeit zu verschwenden.

ANZEICHEN: DER GEDANKE, WIEDER ZUSAMMENZUKOMMEN, REIZT DICH NICHT LÄNGER. Es gab einmal eine Zeit, in der du geglaubt hast, die Beziehung ließe sich retten und die Probleme wären mit einigen Anpassungen aufseiten beider Partner lösbar. Doch diese Option stand nicht zur Verfügung. Er wollte zwar reden, aber nicht wieder in eine Beziehung zurück, in der es seiner Ansicht nach an Freiraum fehlte. Die Erde hat sich inzwischen weitergedreht, und das Thema, eine Situation wieder aufleben zu lassen, die man zu Grabe getragen hat, steht nicht mehr zur Diskussion. Jetzt ist er an einer Versöhnung interessiert, doch allein bei dem Gedanken dreht sich dir schon der Magen um. Du weißt inzwischen den frischen Wind, der weht, zu schätzen und sträubst dich, in die abgestandene Atmosphäre deiner alten Beziehung zurückzukehren.

ANZEICHEN: DU HAST DICH AUS DEN PSYCHOSPIELCHEN AUSGEKLINKT. Irgendwann nach der Trennung hast du vielleicht mit Trick 17 versucht, seine Aufmerksamkeit zu wecken oder ihn als das zu entlarven, was er ist. Dass er plötzlich nichts mehr für dich empfindet, machte in deinen Augen einfach keinen Sinn, deshalb hast du zu Psychospielchen gegriffen, um zu sehen, wie er reagiert. So etwas zieht man vor allem dann in Betracht, wenn man verletzt ist, Antworten erzwingen will oder unfähig ist loszulassen, richtig? Ja, doch das war einmal. Mit der Zeit und wachsender Selbstakzeptanz versuchst du nicht mehr mit allen Mitteln, seine Aufmerksamkeit auf dich zu lenken. Mag sein, dass du früher einige »ver-rückte« Denk- und Verhaltensweisen an den Tag gelegt hast, die dir gar nicht ähnlich sahen, doch das ist aus und vorbei. Du blickst nach vorn, auf deinem sicheren Weg ins Glück.

ANZEICHEN: DU KANNST IHM ALLES GUTE WÜNSCHEN UND ES WIRKLICH MEINEN. Du hast vermutlich den sicheren Weg ins Glück gewählt, als du beschlossen hast, nicht auf seine boshaften Anschuldigungen gegen dich oder seine lächerlichen Tobsuchtsanfälle zu reagieren, auch wenn er dich mit seinem Verhalten verletzt hat. Doch obwohl der Silberstreif am Horizont sichtbar war, ist es dir schwergefallen, negative Gedanken über ihn und die Situation aus deinem Kopf zu verbannen. Du hast gebetet, dass sich der heimliche Groll legen möge, den du empfunden hast, und schließlich wurde deine Bitte erhört. Nun schließt du ihn in deine Gebete ein, denn in dir ist kein Raum mehr für Hass. Du betrachtest ihn nicht länger als deinen Feind und setzt deinen Weg leichten Herzens fort.

ANZEICHEN: WENN DU SEINEN NAMEN HÖRST, BIST DU NICHT MEHR VERZWEIFELT. Dein Herz gehörte ihm, und es klopfte jedes Mal zum Zerspringen, wenn er dich berührte, ansah oder auch nur deinen Namen sagte. Und wenn jemand seinen Namen erwähnte, hattest du bereits Schmetterlinge im Bauch. Mit dem Ende der Beziehung verschwanden auch diese Symptome des

Verliebtseins. Unmittelbar nach der grauenvollen Trennung hat sein Name keine liebevollen Gefühle, sondern nur noch Enttäuschung und Niedergeschlagenheit in dir hervorgerufen. Wenn du dich auf dem richtigen Weg befindest, bleibst du jetzt ungerührt, wenn sein Name fällt. Du kannst ihn sogar aussprechen, und zwar ganz ohne Stress.

ANZEICHEN: WENN DU IHN WIEDERSIEHST, HAT SICH DEIN BILD VON IHM GEWANDELT. Vielleicht war er einmal dein Schutzengel oder der Ritter in der schimmernden Rüstung, den du nach der Trennung als Feind betrachtet hast. Doch nach allem, was in der Zwischenzeit geschehen ist, hat sich dein Bild von ihm gewandelt. Bei deiner letzten Begegnung hast du ihn durch die Brille der Kränkung und Wut wahrgenommen, und nur hin und wieder schien der Mann auf, den du einmal geliebt hast. Jetzt ist eine Wende eingetreten. Jetzt siehst du einen Mann vor dir, dem du verziehen hast und der versucht, seinen eigenen Weg zu finden. Was für dich ein Mensch mit rabenschwarzer, zerstörerischer Seele war, ist nun nur noch ein Mensch, dem es an Selbstliebe und Selbsterkenntnis mangelt.

Dein neues geheiltes Selbst weiß, dass es dir bald mehr als gut gehen wird. Du wünschst ihm und dir selbst nur das Beste. Auch wenn deine Gedanken von Zeit zu Zeit in die Vergangenheit schweifen, bist du jetzt überwiegend auf dich selbst und den Aufbau deiner Zukunft fokussiert. Du hast innere Stärke gewonnen, bist aus Schaden klug geworden und auf dem besten Weg, dein Potenzial voll auszuschöpfen. Du hast die Wahl getroffen, dir selbst mehr Aufmerksamkeit zu widmen. Und nicht nur das, du hast auch entschieden, den Weg deines Ex zu akzeptieren, wie immer er beschaffen sein mag. Du machst Fortschritte.

10

EINE NEUE LIEBE FINDEN

Du verdienst einen Partner, der dich respektiert, wertschätzt, in Ehren hält, wie einen Schatz hütet und für dich betet. Nachdem du den nötigen Raum für einen Neuanfang geschaffen hast, ist es an der Zeit, die Liebe wieder in deinem Leben willkommen zu heißen. Du hast reinen Tisch gemacht. Da du nicht länger dem Schmerz verhaftet bist und die wiederentdeckte Liebe zu dir selbst ein gutes Gefühl verleiht, bist du bereit für alles, was kommt. Du bist bereit für einen himmlischen Partner. Die Heilung hat dir die Augen geöffnet und du hast erkannt, dass der vermeintliche Verlust in Wirklichkeit ein Gewinn war. Es ist an der Zeit, etwas Besseres zu erwarten. Dir bildlich vorzustellen, was du dir in einer Beziehung wünschst und wie die Liebe aussehen und sich anfühlen sollte, ist eine wunderbare Möglichkeit, einem neuen Partner den Weg in dein Leben zu ebnen. Es ist an der Zeit, sich aktiv auf die Suche zu begeben und den Prozess zu genießen.

Der Gedanke an einen Neustart in der Dating-Welt mag dir früher zuwider gewesen sein, doch nun sollte er sich aufregend, abenteuerlich und ein wenig befreiend anfühlen. Ja, du wirst anderen Menschen nach und nach enthüllen müssen, wer du wirklich bist, und das kann ein wenig beängstigend sein, wenn man sich verletzlich fühlt. Aber damit bietet sich dir auch die Gelegenheit, neue Leute kennenzulernen, die Welt mit anderen Augen zu betrachten und dich auf Aktivitäten einzulassen, die du noch nie ausprobiert hast. Es steht dir frei, die Optionen herauszupicken, die dir zusagen. Betrachte die Partnersuche nicht als lästige Pflichtübung. Wenn du eine Hausaufgabe darin siehst, die dir auferlegt wurde, oder eine weitere unumgängliche Arbeit, bist du nicht in der richtigen mentalen Verfassung für den Dating-Prozess oder kluge Entscheidungen. Es ist an der Zeit, loszulassen und deine Ansichten über die Suche nach neuen Freunden und einem neuen Partner grundlegend zu ändern. Ja, du wirst vermutlich einigen begegnen, die nicht annähernd dem entsprechen, was für dich richtig ist. Das gehört dazu. Bei der Partnersuche gilt die allgemeine Regel, sich nicht mit dem Erstbesten zufriedenzugeben, der dir über den Weg läuft. Auch wenn du nicht zu den Frauen gehörst, die kein Problem damit haben, ein Date nach dem anderen im Schnelldurchlauf zu absolvieren, solltest du dir genau anschauen, was der Markt zu bieten hat, bevor du eine Entscheidung triffst. Du möchtest schließlich einigermaßen sicher sein, den Richtigen gefunden zu haben, statt mit irgendjemandem vorliebzunehmen, nur weil du keine Lust auf weitere Sondierungsgespräche hast.

Auch hier geht es wieder darum, keine kurzfristig vorteilhafte, sondern eine langfristig tragfähige Entscheidung zu treffen. Wenn du langfristig denkst, lässt du dir Zeit, um die Gesellschaft eines Mannes zu genießen und umworben zu werden. Betrachte den Dating-Prozess als Chance, an deinen Schwächen im Umgang mit dem anderen Geschlecht zu arbeiten. Wenn es dir beispielsweise schwerfällt, Nein zu sagen, ist der Zeitpunkt ideal, das Abgrenzen zu üben, ohne Zusatzerklärungen. Es ist wichtig, sich daran zu erinnern, dass jeder Augenblick bei einem Dating kurzlebig ist, es sei denn, du beschließt, mehr daraus zu machen. Du musst keine Entscheidungen treffen, die du als unangenehm empfindest, bist zu keinem Zeitpunkt verpflichtet, dich selbst und deine Vorstellung vom Glück zu verbiegen.

Ein offenes Herz

Mit der Offenheit auf der mentalen Ebene geht ein offenes Herz einher. Wenn du aufrichtig überzeugt bist, für die Liebe bereit zu sein, musst du gewillt sein, es auch zu zeigen. Das bedeutet, dass einschränkende Geisteshaltungen, Zweifel, Sarkasmus und andere negative Attribute, die aus einer gescheiterten Beziehung stammen, ausgemerzt sein sollten, wenn du beschließt, neuen Freunden und neu erwachten romantischen Interessen Einlass in dein Leben zu gewähren. Was immer du in der Vergangenheit auch durchgemacht hast, sollte nicht auf neue soziale Beziehungen übertragen und reaktiviert werden. Es wäre nicht fair, jemand anderen für die Worte oder Taten büßen zu lassen, mit denen dein Ex dich verletzt hat. Du hast einen Schlussstrich gezogen, beginnst ganz von vorne. Du befindest dich in einer Phase der Selbsterneuerung und brauchst ein offenes Herz und einen offenen Geist, damit du dich auf den Prozess der Partnersuche einlassen kannst, ohne ihn als große Belastung zu empfinden. Du hast dich grundlegend verändert und eine Ebene erreicht, auf der du dir etwas Besseres wünschst und erwartest. Deine neuen Überzeugungen und Denkweisen haben bewirkt, dass du aufgeschlossen für Neues bist und darauf brennst, die große weite Welt zu erkunden – die aus mehr als sieben Milliarden Menschen besteht!

Du bist optimal gerüstet, aus dir herauszugehen und das Leben mit neuen Leuten zu genießen.

Bei der Partnersuche solltest du jedem einzelnen Kandidaten eine faire Chance geben. Nimm dir die Zeit, aufmerksam zuzuhören, was er zum Ausdruck bringt, verbal und nonverbal. Ein offenes Herz bedeutet auch, dass du zum richtigen Zeitpunkt und nach reiflicher Überlegung zulässt, verwundbar zu sein. Du kannst ihm unbedenklich erklären, wie deine Wünsche und langfristigen Ziele aussehen, selbst wenn er nicht deinen Vorstellungen entspricht. Wende dich dem nächsten Bewerber zu in dem Wissen, dass du damit noch keine Bindung eingehst. Du machst dich von keiner äußeren Liebesquelle mehr abhängig, weil du weißt, dass Gott ein Quell der immerwährenden Liebe ist; du kannst dich auf SEINE Liebe und auf die Liebe zu dir selbst verlassen.

Ein offenes Herz bedeutet auch, dass du bereit bist, ein Risiko einzugehen und dich nicht mehr hinter dem Schmerz zu verstecken. Es bedeutet, darauf zu vertrauen, dass Gott dein Herz schützt, wenn du in die Welt hinausgehst und erforschst, was ER dir vor Augen führt. Ein offenes Herz sagt dir, dass du behütet wirst, ungeachtet des Ergebnisses deiner Erkundungen, und jeder Schritt dich dem Ziel deiner Suche näher bringt. Bei der Partnersuche hast du die Chance, die Lektionen, die du in deinen vergangenen Beziehungen gelernt hast, in die Praxis umzusetzen. Das Herz öffnen bedeutet, dir zuzugestehen, dass du dich wieder gut fühlst, wieder fähig bist, zu lieben und zu akzeptieren, was ist, ohne etwas erzwingen zu wollen.

Nach Liebe Ausschau halten

Du musst nicht lange suchen, wenn du Liebe finden willst. Zugegeben, das mag zunächst widersprüchlich klingen, doch die gezielte Suche kann frustrierend sein, weil du dich krampfhaft bemühst, die Kontrolle über den Prozess zu gewinnen. Am besten hörst du auf, im Außen danach Ausschau zu halten. Worauf du dein Augenmerk richten solltest, ist die Liebe in deinem Innern. Es erübrigt sich also, etwas nachzujagen, was bereits vorhanden ist, statt dein neues Leben zu genießen. Überlass es einer höheren Macht, dich zu deinem Seelengefährten zu führen. Die Empfehlung, bestimmte »Dating-Hotspots« aufzusuchen oder zu meiden, funktioniert nicht. Du versperrst einem potenziellen Partner den Weg in dein Leben, wenn du den Zugang beschränkst.

Wenn du das Gefühl hast, du solltest deine Aufmerksamkeit auf ein bestimmtes Terrain konzentrieren, dann tu das und überlass Gott den Rest. In diesem Prozess geht es um Vertrauen. Du solltest für alle Möglichkeiten offen sein, wenn du bereit bist, dich auf Neues einzulassen. Wenn jemand an einer ernsthaften Beziehung interessiert ist, würde ich – im Gegensatz zur landläufigen Meinung – Clubs beispielsweise nie von vornherein ausklammern. Ich würde vielmehr empfehlen, das Leben zu genießen, und es der magischen Kraft der Liebe überlassen, ihre Entsprechung anzuziehen. Geh den Aktivitäten nach, die dir Spaß machen, in der Überzeugung, dass du jemandem den Weg in dein Leben ebnest, der sich auf der gleichen Wellenlänge befindet. Wenn du Lust hast, eine Fremdsprache zu lernen, einen Kurs zu belegen oder an einer Restaurantwoche teilzunehmen, in der internationale Sterneköche kulinarische Köstlichkeiten bieten, könnte das genau der richtige Rahmen sein, um deinem Seelengefährten zu begegnen. Diese Form der Partnersuche ist weder forciert noch weit hergeholt. Sie stellt vielmehr eine Gelegenheit dar, deinen Aktionsradius zu erweitern. Wenn du keinen Spaß am Kochen hast und glaubst, in der Lebensmittelabteilung des Supermarkts deinen Traummann zu finden, stellst du dir selbst eine Falle. Wenn er glaubt, dass du kochen kannst, obwohl du keine Ahnung, ja nicht einmal Lust dazu hast, bringst du dich in eine schwierige Lage, weil du vorgibst, etwas zu sein, was du nicht bist.

Ja, du solltest aus dir herausgehen, aber nicht auf Kosten deiner wahren Persönlichkeit. Wenn du nach Liebe Ausschau hältst, solltest du den Blick zuerst auf die Quelle der Liebe richten, auf Gott. Wenn du jeden Morgen mit einem Lächeln und dem Gefühl aufwachst, dass die Beziehung zu Gott an Tiefe gewinnt, deine Freundschaften gedeihen und die Wertschätzung wächst, die du einer Familie entgegenbringst, musst du nicht lange nach Liebe suchen. Die Liebe wird dich finden, wenn der richtige Zeitpunkt gekommen ist, denn du ziehst sie magisch an. Wenn du dem Glück den Weg in dein Leben ebnen willst, solltest du versuchen, jeden Tag glücklich und zufrieden zu sein, denn dann kannst du damit rechnen, dass es jeden Moment auf der Bildfläche erscheint, ohne auch nur einen Gedanken daran zu verschwenden. Es heißt, dass wir an unserem Glauben arbeiten müssen, um ihn lebendig zu erhalten. Arbeite daran, indem du ins Leben hinausgehst und offen für das bist, was kommt. Denke darüber nach, was du in dein Leben einladen möchtest.

Mit dem Unerwarteten rechnen

Du entdeckst deinen Seelengefährten unter Umständen auf völlig unerwartete Weise. Es gibt keine Blaupause dafür, wie du den Richtigen findest. Du bist vielleicht nicht offen für das Online-Dating, aber schließ es nicht von vornherein aus. Vielleicht wäre dir nicht im Traum eingefallen, dass sich dein künftiger Partner als einer deiner engsten Freunde, Nachbarn oder jemand entpuppt, dem du einmal geholfen hast. So kann es aber kommen. Der Dating-Prozess ist unberechenbar, genau wie das Leben, das Forrest Gump im gleichnamigen Film beschreibt: »*Das Leben ist wie eine Schachtel Pralinen; man weiß nie, was man kriegt.*« Mit dem Unerwarteten rechnen bedeutet, sich nicht schon im Vorfeld darauf festzulegen, wie der Partner aussehen oder sich verhalten sollte. Nicht zu erwarten, dass er sich verbiegt, um deinem Wunschformat zu entsprechen. Wenn du erkennst, wie er wirklich ist, und dir nicht gefällt, was du siehst, musst du dich ja nicht an ihn binden. Sei offen für Kandidaten der unterschiedlichsten Art. Wenn du in den letzten zehn Jahren ein klar definiertes Beuteschema hattest, ist es an der Zeit, in dich zu gehen und zu ergründen, warum du keinem Mann eine Chance gegeben hast, der nicht in dieses Raster passt. Möglicherweise wird dir dabei bewusst, dass der »Typ«, auf den du dich versteift hast, in Wirklichkeit ein Fehlgriff war. Lass dich durch dieses einseitige Interesse nicht davon abhalten, dem Mann zu begegnen, der für dich bestimmt ist, der sich auf der Herzebene mit dir verbindet und gemeinsam mit dir wächst. Wenn du bisher nur Nieten gezogen hast, solltest du deinen Männergeschmack überdenken. Warum öffnest du dich nicht lieber für jemanden, der dir dabei helfen kann, unerforschte Aspekte deines Selbst zu entdecken?

Das Unerwartete hat den Vorteil, dass es genau zu dem führen kann, was du in einer Beziehung erwartest. Er entspricht in Aussehen und Verhalten vielleicht nicht dem, woran du gewöhnt bist, aber er kann dich vielleicht auf eine Weise lieben, die deine Wünsche und Bedürfnisse erfüllt. Bedingungslose Liebe ist nicht an die Voraussetzungen gebunden, die der menschliche Verstand schafft.

Liebe im Freundes- und Bekanntenkreis finden

Inzwischen hast du Tritt in deinem neuen Leben gefasst oder befindest dich auf dem Weg dorthin. Die Beziehung zu deiner Familie ist bestens. Du hast die richtigen Freunde und deinen Frieden mit dem Verlauf deines Lebens gemacht. Wie bereits gesagt, gibt es keine Blaupause für die Möglichkeiten, wahre Liebe zu finden. Du solltest immer offen für alle Optionen sein (vorausgesetzt, sie sind von Gott gesandt). Es ist selten eine gute Idee, die Erwartungen hinsichtlich der Wege einzuschränken, auf denen Gott dir die große Liebe schickt. Überlass es IHM, sie deinen Zielsetzungen anzupassen.

Um den »neuen Mann an deiner Seite« kennenzulernen, kann auch die Familie gute Dienste leisten. Deine Familie kennt dich am besten. Sie ist möglicherweise perfekt geeignet, dich mit jemandem zusammenzubringen, der ihrer Einschätzung nach zu dir passen könnte. Das kann vor allem dann eine Erleichterung für dich sein, wenn du eine weitläufige Verwandtschaft mit ebenso zahlreichen wie vielseitigen Geschwistern, Cousins, Cousinen und Angehörigen aller Altersgruppen hast. Wenn der potenzielle Partner deine Familie bereits kennt und mag, ist es leichter für dich, den Kontakt weiterzuentwickeln. Deine Familie ist aber nur ein Weg von vielen, auf dem die Liebe Einlass in dein Leben finden kann.

Zu den weiteren Plattformen gehören dein Freundeskreis und gesellschaftliche Ereignisse. Deine Freunde können sich als hervorragende Quelle für Kontakte erweisen. Sag nicht vorschnell »Nein danke«, wenn sie dich mit einem potenziellen Kandidaten verkuppeln wollen. Wenn du wirklich das Gefühl hast, dass ein Date mit dem Freund oder Arbeitskollegen eines Freundes zu nichts führt, solltest du natürlich darauf verzichten. Doch denk daran, dass deine Aufgabe darin besteht, offen für alle Wege zu sein, auf denen die Liebe zu dir gelangen kann. Es gilt, Chancen im Leben wahrzunehmen, statt sich selbst einzuengen. Du hast jetzt die Chance, deine Welt mit allen ihren Facetten zu erkunden. Wenn du der Ansicht bist, dass deine Freunde dich gut genug kennen, um dir einen geeigneten Kandidaten zu empfehlen, warum diese Möglichkeit ausschließen? Wenn du verschlossen und scheu im Umgang mit anderen Menschen bist, ist das ein Teil des Prozesses, dich zu öffnen. Wenn du es vorziehst, deine Suche heimlich anzugehen, schränkst du deine Optionen ein. Wenn du wirklich offen für die mannigfaltigen Wege der Liebe bist, solltest du auch diejenigen in Betracht ziehen, die sich in deiner Reichweite befinden.

Ein Vorteil der Möglichkeit, deinem potenziellen Partner durch die Vermittlung gemeinsamer Freunde zu begegnen, besteht darin, dass man dabei gesellschaftliche Ereignisse zum Anlass nehmen kann, was den Druck verringert. Nutze diese Aktivitäten nicht nur, um den Mann zu treffen, den deine Freunde dir vorstellen möchten, sondern auch als Chance, andere potenzielle Kandidaten kennenzulernen. Du kannst überall und jederzeit Kontakte aufbauen: bei Networking-Veranstaltungen, Konzerten, Weihnachtsfeiern usw. Mach dir bewusst, dass dein künftiger Partner überall deinen Weg kreuzen kann. Du musst lediglich aus der Versenkung auftauchen, dich selbst lieben und das Beste aus der Situation machen, in der du dich befindest. Betritt einen Raum mit dem Gefühl, geliebt und umsorgt zu werden, dann wirst du bessere Entscheidungen für dich selbst treffen.

Alles richtet sich nach dem göttlichen Zeitplan

Du musst unter Umständen viele Frösche küssen, bevor du deinen Prinzen findest, doch diese Frösche können sich in wunderbare Freunde verwandeln. Auch bei der Partnersuche – oder gerade hier – lässt sich der von Gott gewählte richtige Zeitpunkt nicht beschleunigen. Je nachdem, wie ihr euch kennenlernt oder was ihr einander anvertraut, wirst du feststellen, dass einige Personen dazu ausersehen sind, dich auf den richtigen Weg zu geleiten oder an Menschen zu verweisen, die dir unvergessliche Lektionen erteilen. Wenn du beschließt, jede Form von Kontrolle loszulassen, wirst du die Vorteile des göttlichen Zeitplans genießen. Es gibt kein erhebenderes Gefühl, als Gottes Zeitplan und alle unvorhergesehenen Dinge zuzulassen, die dir widerfahren. Du wirst erleben, dass sich das, worum du gebetet hast, in einer Weise erfüllt, die alles übertrifft, was du selbst in die Wege geleitet hättest. Es ist dein Glaube an den göttlichen Zeitplan, der bewirkt, dass sich deine Erwartungen realisieren. Mach dir bewusst, dass alle Frösche, die du vielleicht küsst, zu einer vom Allmächtigen maßgeschneiderten, unvergesslichen Erfahrung führen können. Im Verlauf des Dating-Prozesses mag es den Anschein haben, als wäre der Richtige nicht dabei oder als gäbe es ihn nicht. Du stellst vielleicht fest, dass du dich für keinen der Kandidaten erwärmen kannst, und fragst dich ungeduldig, wann und wo dir der Mann deiner Träume endlich über den Weg läuft. Die Antwort findest du nur, wenn du erkennst, dass alles, was du dir wünschst und was du brauchst, sich bereits in dir befindet, dich umgibt und stetig näher rückt. Diesen Prozess abzukürzen wäre ein Rückschritt, weil du nur das erhältst, worum du bittest.

Je früher du dich für die Möglichkeiten öffnest, den Richtigen kennenzulernen und anderen Menschen unvoreingenommen zu begegnen, desto früher beginnt der Prozess, Liebe zu finden und den Ablauf des göttlichen Zeitplans willkommen zu heißen. Du kannst diesen Prozess weder beschleunigen, noch solltest du es dir wünschen, denn damit würdest du dich um die Vorteile der Lektionen bringen, die du dabei lernst. Während du aktiv versuchst, der Liebe den Weg in dein Leben zu ebnen, wirst du begreifen, dass alle Situationen und Personen, die dir dabei begegnen, einzig und allein dem Zweck dienen, dein Wachstum zu unterstützen, dir einen anderen Aspekt deiner Persönlichkeit vor Augen zu führen und dich auf den »richtigen« Partner vorzubereiten. Der göttliche Zeitplan erfordert lediglich von dir, aus der Versenkung aufzutauchen, um den Situationen und Menschen zu begegnen, die du dir wünschst. Alles, was du oder jemand anderer sich ausdenken mag, ist schwieriger umzusetzen, wenn es nicht Gottes Ratschluss entspricht.

Du kannst nichts erzwingen oder jemanden nötigen, etwas zu sein oder zu tun, was ihm »gegen den Strich« geht. Vielleicht hast du diese Erfahrung bereits in deiner letzten Beziehung gemacht, in der dir Dinge abverlangt wurden, die nicht deinem ureigenen Wesen entsprachen. Wenn du dich jetzt auf den Dating-Prozess einlässt, besteht kein Grund, dich minderwertig oder nicht gut genug für jemanden zu fühlen, denn du wurdest von der Hand des Schöpfers geformt, der dafür sorgen wird, dass der von IHM gewählte Mann zu dem von IHM bestimmten Zeitpunkt in dein Leben tritt.

Eine Auswahl unter den
potenziellen Kandidaten treffen

Du wirst potenzielle Kandidaten kennenlernen, die dich nach allen Regeln der Kunst umwerben, und du solltest dir bewusst machen, dass du einem von ihnen mehr Zeit widmen musst, um die Spreu vom Weizen zu trennen und den Richtigen zu finden. Er kann überall deinen Weg kreuzen, und wenn du dein Leben und dein soziales Umfeld aktiv öffnen möchtest, um den neuen Mann an deiner Seite willkommen zu heißen, sind bestimmte Anpassungen unabdingbar. Du könntest beispielsweise verschiedene Routen einschlagen, um an deinen Arbeitsplatz zu gelangen; Orte aufsuchen, an denen du neue Leute kennenlernst; Speisen ausprobieren, die du noch nicht kennst; Stadtviertel erkunden, in denen du noch nie warst, oder dich einfach von deinem Instinkt leiten lassen, wenn du das dringende Bedürfnis nach einer Veränderung verspürst. Bei der Entscheidung, welcher Kandidat in die engere Wahl kommen könnte, achtest du vielleicht auf Eigenschaften wie Respekt, Aufmerksamkeit, Ehrlichkeit und Loyalität. Wichtig für die Entscheidung, welcher Bewerber der Mann deiner Wahl ist, sollten gemeinsame Kernwerte und Lebensziele sein. Wenn du in der Lage bist, deine Wünsche an einen künftigen Partner offen anzusprechen und dieser die gleichen Vorstellungen äußert, kannst du den nächsten Schritt einleiten und mit Zuversicht beginnen, eine Beziehung aufzubauen.

Wie potenzielle Kandidaten dich einschätzen

Bei jedem Treffen, bei dem ihr miteinander redet, lacht und die Gesellschaft des anderen genießt, fragst du dich vielleicht insgeheim, worauf dein potenzieller Partner bei dir achtet und wie er dich einschätzt. Sicher, du bist eine wunderbare, selbstbewusste, eigenständige Frau, aber was für ein Bild macht er sich von dir, wenn ihr zusammen seid? Obwohl die Antwort auf diese Frage weitgehend von der jeweiligen Person abhängt, kann man generell davon ausgehen, dass für andere erkennbar ist, was dich zu der Partnersuche bewogen hat und was du dir davon versprichst. Wenn du dich beispielsweise in besonderem Maß für die finanzielle Situation eines Kandidaten interessierst, können sich die meisten Männer zusammenreimen, dass du es auf ihr Geld abgesehen hast. Auch ein ausgeprägter Kinderwunsch deinerseits bleibt ihnen nur selten verborgen. Was immer du dir auch verzweifelt wünschen magst, er wird vermutlich intuitiv Rückschlüsse ziehen und sich angezogen oder abgestoßen fühlen. Wenn du Liebe und inneren Frieden ausstrahlst, wird dein Kandidat den Treffen mit dir allerhöchste Priorität einräumen, wenn er in seinem Leben ebenfalls großen Wert darauf legt. Wenn du gerne über dich selbst oder deinen Ex redest, könnte er zu der Auffassung gelangen, dass du Aufmerksamkeit brauchst und alte Wunden noch nicht verheilt sind.

Du hast einen Punkt erreicht, an dem du die Entscheidung getroffen hast, dein Leben wieder auf Kurs zu bringen. Du bist darauf fokussiert, deine Beziehung zu Gott, zu dir selbst und zu den Menschen in deiner Umgebung zu vertiefen. Wenn du dich in diesen Bereichen nachhaltig weiterentwickelst, werden potenzielle Bewerber nur Licht, Freude und Vertrauen entdecken und durchaus geneigt sein, einen gemeinsamen Hausstand mit dir zu gründen. Wenn sie Schwachstellen entdecken, die du zu verbergen trachtest, lassen sie sich nicht abschrecken; ganz im Gegenteil, sie nehmen sie eher hin als du, weil sie Teil deiner Persönlichkeit sind. Einige Kandidaten werden sogar versuchen, dir beizustehen, um deine »Achillesferse« zu schützen. Je nachdem, an welchem Punkt der Skala du dich in Bezug auf deine Beziehung zu Gott und dir selbst befindest, wirst du sie mit deiner Lebenssicht und deinem Wissen um bestimmte Menschen und Situationen in Erstaunen versetzen. Wenn dein potenzieller Partner sieht, dass du glücklich bist, wird er alles tun, um dein Glück und das Lächeln auf deinem Gesicht zu bewahren.

In einer Welt, in der wir uns alle nach einem Rückzugsort sehnen, an dem wir nur wir selbst sein können, wünscht sich dein potenzieller Gefährte einen Ort, den er als sein Zuhause betrachten kann. Wenn beide beschließen, sich auf eine Beziehung einzulassen, erübrigt sich die Frage, ob du für ihn etwas ganz Besonderes bist. Wenn es unmissverständliche Anzeichen dafür gibt, dass er in seinem Leben Raum für dich schafft, damit du dich willkommen fühlst und dich weiterhin entfalten kannst, darfst du mit an Sicherheit grenzender Wahrscheinlichkeit davon ausgehen, dass du eine Sonderstellung in seinem Leben einnimmst. Wenn Themen wie Ehrlichkeit, Verletzlichkeit, Vertrauen und Rücksichtnahme offen zur Sprache kommen, besteht kein Zweifel, dass er derjenige ist, um den du Gott gebeten hast. Er sieht dich so, wie du bist. Infolge der Behandlung, die du in deiner letzten Beziehung erfahren hast, zweifelst du vielleicht daran, doch in Wirklichkeit ist ihm bewusst, was er an deiner Seite sein kann. Denk daran, dass du deine innersten Empfindungen auf die Außenwelt projizierst. Wenn du dich minderwertig und jämmerlich fühlst, wird es jeder potenzielle Kandidat merken und entscheiden müssen, ob eine Partnerin mit solchen Eigenschaften für ihn überhaupt infrage kommt.

Warum finden einige Frauen schneller einen neuen Partner als andere?

Du fragst dich vielleicht, warum manche Frauen imstande sind, nach einer Trennung schneller wieder Tritt im Leben zu fassen und einen neuen Partner zu finden als andere. Ihnen scheint beides mühelos zu gelingen. Vielleicht gehörst auch du zu denjenigen, die beinahe nahtlos von einer Beziehung zur nächsten übergehen. Nun, es besteht ein Unterschied zwischen Frauen, die problemlos den Partner wechseln und dabei in dieselben alten Verhaltensmuster verfallen, und Frauen, die nur noch Männer in die engere Wahl ziehen, die es wert sind, geliebt zu werden. Dein Glaube sorgt für einen klaren Blick, und selbst wenn du wichtige Hinweise übersehen hast, wusstest du, dass es sie gibt.

Der Zeitraum, den jemand braucht, um einen neuen Partner zu finden, ist relativ. Was dir schnell erscheint, mag für andere langsam sein. Du weißt nicht, wie lange die Frauen »von der schnellen Truppe« bereits positives Denken praktizieren und Raum für das geschaffen haben, was sie sich wirklich wünschen. Sie können dir leicht erzählen, dass sie nichts dazu beigetragen haben (vermutlich ist ihnen nicht bewusst, was sie tun, abgesehen vom Beten), doch es geht nicht darum, was sie tun, sondern was sie vielmehr unterlassen. Einer der wichtigsten Einflussfaktoren bei der Partnersuche ist die innere Einstellung: Diese Frauen sperren sich nicht gegen das, was kommt. Für sie gibt es keine Zweifel, keine Was-wäre-wenn-Überlegungen und keine negativen Zukunftsgedanken, die sie verinnerlichen. Wenn du bezweifelst, einen neuen

Partner zu finden, sendest du gemischte Signale darüber aus, was du wirklich willst und wem du vertraust. Du zeigst dir selbst und Gott die Enttäuschung über deinen Mangel an Kontrolle über den Prozess; du bringst deine Ängste in die Situation ein. Frauen, die in der Lage sind, schneller einen neuen Partner zu finden, haben das Kontrollbedürfnis losgelassen und vertrauen darauf, dass sich alles Weitere in den richtigen Händen befindet. Sie glauben daran, dass man den Lauf der Dinge nicht forcieren kann. Sie haben begriffen, dass sich zum richtigen Zeitpunkt und unter den richtigen Umständen alles zum Guten wendet.

Wenn du Vertrauen zu dir selbst hast, verschwende deine Zeit nicht länger mit dem Versuch, Situationen oder Gespräche zu erzwingen, die sich auf natürlichem Weg nicht ergeben würden. Diejenigen, die schneller eine neue Liebe finden, halten nicht nach dem gleichen Männertypus Ausschau, sondern sind offen für den *richtigen* Partner. Sie erwarten, ihn zu finden, begeben sich aber nicht aktiv auf die Suche. Wie bereits gesagt, beinhaltet diese Erwartungshaltung das Wissen, dass alles, was wir brauchen, bereits vorhanden und uns zu eigen ist. Wenn du das erkannt hast, erübrigt es sich, sich so zu verhalten, als würde dir etwas fehlen, was du unbedingt finden musst. Es ist bereits da, und du wirst zu gegebener Zeit in der Lage sein, es wertzuschätzen. Diejenigen, die schnell eine neue Liebe finden, wissen, dass alles, worum sie gebetet und wofür sie Gott gedankt haben, sich bereits manifestiert hat und auf dem Weg in ihre Welt befindet. Sie haben eine Denkweise entwickelt, die auf Erwarten (statt Erzwingen) und Glauben basiert. Sie sind außerdem bereit zu empfangen, worum sie gebeten haben, und deshalb wird ihrem Wunsch eher entsprochen. Auch du kannst dir diese Denkweise aneignen. Dann wirst du sehen, wie schnell eine neue Liebe den Weg in dein Leben findet.

11

DIE LIEBE
WILLKOMMEN HEISSEN

Sich auf die freie Wildbahn zu begeben in der Hoffnung, die große Liebe zu finden, mag verrückt klingen nach allem, was du durchgemacht hast, aber es ist nicht unmöglich. Es ist sogar durchaus möglich, je nachdem, in welcher Phase des Heilungsprozesses du dich befindest und wie es um deinen Glauben, deine Überzeugungen und deine innere Einstellung bestellt ist. Der Prozess, einer neuen Liebe den Weg in dein Leben zu ebnen, erfordert einen radikalen Sinneswandel: Es geht nicht um die Zeit, die es braucht, sondern um den unerschütterlichen Glauben, dass die Liebe Einlass in dein Leben gefunden hat. Gott hat, wie bereits erwähnt, seinen eigenen Zeitplan, und du kannst nicht bis ins kleinste Detail beeinflussen, wie und wann deine Wünsche und Bedürfnisse erfüllt werden. Dieser Prozess erfordert, sich uneingeschränkt darauf zu verlassen, dass er funktioniert.

Wenn du zu den introvertierten Menschen gehörst, solltest du deine Komfortzone verlassen und ein wenig mehr Eigeninitiative entwickeln. Vielleicht beginnst du damit, an Aktivitäten teilzunehmen, die außerhalb deines Wohn- und Arbeitsbereichs statt-finden. Verbring nicht jeden Tag, an dem du dich aus deinem Schneckenhaus traust, mit dem krampfhaften Bemühen, nach Liebe Ausschau zu halten, sondern gestehe dir zu, die Liebe zu *empfinden,* die du dir wünschst. Selbstliebe ist ein VIP-Ticket, das einem liebevollen Partner Einlass in dein Leben ermöglicht. Der Prozess, Liebe den Weg in dein Leben zu ebnen, lässt keinen Raum für Zweifel oder Verzweiflung. Wenn eines von beiden Ge-fühlen in deinen Worten oder Taten aufscheint, boykottierst du möglicherweise deine Bemühungen, Liebe anzuziehen. Es gibt drei Liebesstrategien, mit deren Hilfe du der Liebe Tür und Tor öffnest. Halte dich jeden Tag daran – mit Freuden, Frieden und in Erwartung der Dinge, die da kommen werden:

Entwickle eine klare Vision von der Liebe.
Lade den Mann, der dir vorschwebt, in dein Herz ein.
Danke Gott und freue dich über das, was du empfängst.

Lass das Bild, wie die Liebe für dich aussehen und sich anfühlen sollte, jeden Tag vor deinem inneren Auge Revue passieren. Das ist ganz einfach. Spiel mit dem Gedanken, was ihr als Paar unter-nehmen würdet und wie ihr einander jeden Tag aufs Neue zeigt, wie sehr ihr euch liebt. Mal dir bildlich aus, auf welche Weise er dich zum Lächeln bringt, was er zu dir sagt, wie eure Begegnun-gen verlaufen – ohne sich an die Erwartung zu klammern, dass es so und nicht anders eintreten muss, jedoch in dem Wissen, dass es auf *irgendeine* Weise eintreten wird.

Du solltest wie ein Kind sein, das noch an wundersame Dinge wie die Zahnfee glaubt, wenn du deinen alltäglichen Aktivitäten erwartungsvoll nachgehst. Wenn dir diese Übungen Spaß ma-chen, offenbart sich das im Außen, was dich vermutlich von den

Zweifeln ablenken wird, die noch bestehen könnten. Glaube fest daran, dass Wünsche wahr werden, dann werden sie auch in Erfüllung gehen. Deiner Fantasie sind keine Grenzen gesetzt, schließlich handelt es sich ja um deine persönliche Vision. Sie sollte bewirken, dass du lächelst, lachst, dich gut fühlst und immer mehr Raum für positive Gedanken schaffst. Verzichte darauf, deine Vergangenheit mit diesem Vorstellungsbild zu vergleichen, sondern lass deine Vision widerspiegeln, wie dein künftiges Leben aussehen könnte. Du bist in der Lage, sie in jede gewünschte Richtung zu lenken, solange dir bewusst ist, dass du genau das in dein Leben einlädst, was du dir für dich wünschst. Wenn dir nicht gefällt, was du siehst, solltest du umgehend Veränderungen vornehmen, denn sobald du dir ein Bild von deinem künftigen Partner gemacht hast, solltest du ihn in deiner Welt willkommen heißen.

Das ist derjenige Teil der Strategie, der die Zukunft vorwegnimmt. Er erfordert, dass du dich so verhältst, als wäre sie bereits eingetreten, du »so tust, als ob«. Wie aktiv soll die Rolle sein, die dein neuer Partner in deinem Leben spielt und du in seinem? Wenn du beispielsweise der Meinung bist, er sollte jeden Tag nach Feierabend bei dir aufkreuzen, verhalte dich so, als täte er es bereits. Tu dir keinen Zwang an und koch für zwei, leg Musik auf, die er deiner Meinung nach mag, oder entscheide dich für eine Fernsehsendung, die ihm gefallen könnte. Stell dir bildlich vor, du wärst nicht allein, sondern zu zweit. Wähle deine Worte so, als befände er sich jetzt in deiner Gesellschaft. Mach ihn zu einem Teil deines Lebens, lade ihn zu dir ein, denn du erwartest ihn ja. Wenn du ihn in deiner Zukunftsvision vor dir siehst, handele so, als wäre er bereits da, und danke Gott jeden Tag für ihn. *Jeden Tag im Verlauf des Tages.* Das ist der Mann, den du dir gewünscht hast. Danke Gott, dass dein Wunsch in Erfüllung gegangen ist.

Danke Gott im Voraus für die Bitten, die ER dir gewährt. Danke IHM für alles, was dein neuer Partner sagt und tut. Danke Gott, dass dein neuer Partner zum richtigen Zeitpunkt aufgetaucht ist. Danke Gott für eine gesunde Beziehung. Sei dankbar für die Situation, in der du dich jetzt befindest.

Der gegenwärtige Augenblick sollte sich gut für dich anfühlen. Er sollte dir wie ein Wunder erscheinen. Aber neben deinen Wünschen und Bitten solltest du auch wertschätzen, was du bisher erreicht hast. Sei dankbar für das Wissen, das du erworben hast und das dich befähigt, nach vorne zu schauen. Fühl dich rundum zufrieden und sei gespannt auf das, was dich erwartet. Verzichte darauf, dein bisheriges Schicksal zu verfluchen oder zu jammern, dass du dich noch nicht an dem Punkt befindest, den du anstrebst, denn das trägt nicht zur Verwirklichung deiner Wünsche bei. Wenn du dich glücklich und lebendig fühlst, ist Gott mit dir. ER ist ein Wohlfühl-Gott! Gott ist Liebe. Und wenn du dir das bewusst machst, kannst du dich über alles freuen, was du von IHM empfängst. Deine Erwartung ist ein spiritueller Weckruf; er macht dich darauf aufmerksam, was du über jeden Zweifel hinaus weißt: dass du genau das erhältst, worum du gebeten hast. Ungeachtet dessen, wie dein Wunsch aussieht, was auch geschehen oder gesagt wird, nichts kann deine Vision trüben oder deine Erwartungshaltung erschüttern. Nimm dir die Zeit, dich jeden Tag über das zu freuen, was du empfängst.

Wie bereits mehrfach erwähnt kommt die Liebe zu dir, wenn sie von *dir* ausgeht. Das bedeutet, dass du nicht nur nehmen, sondern auch geben solltest. Lass die selbstsüchtige Denkweise los, die auf der Vorstellung basiert, es ginge einzig darum, geliebt zu werden. Wenn du zu den Menschen gehörst, die genau aufrechnen, was der eine im Vergleich zum anderen in die Waagschale wirft, ist das Scheitern der Partnersuche geradezu vorprogrammiert. Bedürftigkeit ist nicht dazu angetan, einer gesunden, liebevollen Beziehung den Weg in dein Leben zu ebnen. Damit erweckst du eher den Anschein, als würdest du nach einer starken Schulter zum Anlehnen Ausschau halten, statt dich für den Aufbau einer Beziehung auf Augenhöhe zu interessieren – mit jemandem, den du so nimmst, wie er ist.

Um dich auf deinen künftigen Partner vorzubereiten, solltest du den Menschen in deinem Umfeld zeigen, dass du gewillt bist, nicht nur zu nehmen, sondern auch zu geben. Ein potenzieller Partner wird spüren, dass du hochherzig bist und anderen gerne und reichlich gibst. Geben zu können ist darüber hinaus ein Zeichen, das von Segen und Fülle zeugt. Ungeachtet dessen, was du für andere tust und wie freigebig du bist, befindest du dich in einer glücklichen Lage. Wegen dieser Charaktereigenschaft wird man dir immer mit Wertschätzung begegnen, und das kann dir niemand nehmen. Wer wäre schließlich nicht gerne in der Gesellschaft eines Menschen, der nicht nur auf sein eigenes Wohl bedacht ist?

Menschen, die anderen auf gesunde, natürliche Weise Liebe schenken, müssen sich nicht sorgen, dass sie dabei zu kurz kommen könnten. Je mehr du von dir selbst gibst, desto mehr erhältst du zurück. Die meisten Menschen haben den Wunsch, dass ihre

Liebe in gleichem Maß erwidert wird. Sie möchten jemanden lieben, der ihnen das Gefühl verleiht, liebenswert zu sein, und umgekehrt. Wenn du der Liebe den Weg in dein Leben ebnest, solltest du diejenige sein, die dem Partner Aufmerksamkeit, Respekt, Lob und Hilfe zuteilwerden lässt.

Halte jeden Tag nach einer Möglichkeit Ausschau, über dich selbst hinauszuwachsen und zu geben. Richte dich nicht in der Bequemlichkeit deiner eigenen vier Wände ein. Geh hinaus ins Leben und engagiere dich für Menschen, die Unterstützung brauchen, auch wenn du sie nicht einmal persönlich kennst. Widme anderen Zeit, hab stets ein offenes Ohr für ihre Nöte, steh ihnen mit Rat und Tat zur Seite oder zeige ihnen ganz einfach deine Wertschätzung. Erkunde deine Stadt, geh spazieren, besuche den Zoo oder nimm dir Zeit, die Wunder der Natur zu genießen, und erfülle jeden Tag mit der Liebe, die Gott dir schenkt. Wenn du die bewusste Entscheidung triffst zu geben und daraus eine tägliche Gewohnheit machst, wirst du nicht nur der Liebe eines anderen Menschen den Weg ebnen, der gleichermaßen bereit ist zu geben, sondern lernen, dich selbst noch mehr zu lieben. Sei bereit, in einer Weise zu geben, die du bisher außer Acht gelassen hast. Deine Einschränkungen beim Geben haben möglicherweise zu Einschränkungen beim Nehmen geführt.

Attraktiv werden

Du machst dir etwas vor, wenn du denkst, das Aussehen würde bei der Partnersuche keine Rolle spielen. Sind Persönlichkeit und Charaktermerkmale wichtig? Ja! Kann jede Eigenschaft für sich alleine bestehen? Nein. Das ist meine Antwort, und dabei bleibe ich. Wenn du jemanden kennenlernst, hast du keine Chance, alles über seine Charaktereigenschaften herauszufinden, wenn es dir nicht gelingt, über die ursprüngliche Phase der Anziehungskraft hinauszugelangen. Du kannst es leugnen bis zum Gehtnichtmehr, aber nimm dir wenigstens die Zeit, darüber nachzudenken ... die Regel gilt für alle möglichen Situationen.

Selbst beim Einkaufen im Supermarkt prüfst du vermutlich die Qualität eines Apfels, bevor du ihn in deinen Einkaufswagen legst. Du weißt nicht, wie er schmeckt, aber du beurteilst ihn nach seinem Aussehen. Wir nehmen einen Mann mit unseren Blicken wahr, bevor wir ihn näher kennenlernen. Folglich ist das äußere Erscheinungsbild immer ein wichtiger Einflussfaktor. Nehmen wir an, du spielst in der Liga der Frauen, die großen Wert auf ihr Aussehen legen. Du bist physisch attraktiv und darauf abonniert, dir nur die beste Pflege angedeihen zu lassen. Und wie ist es um dein inneres Erscheinungsbild bestellt? Was soll es ausstrahlen, was wirkt aus männlicher Sicht anziehend?

Zu den Dingen, die dazu beitragen, der Liebe den Weg in dein Leben zu ebnen, gehören innere Werte – Eigenschaften wie Begeisterungsfähigkeit, Unbeschwertheit und Intelligenz, Weiblichkeit und Achtsamkeit, die du auch äußerlich zu erkennen gibst. Während du auf den Eintritt der Liebe in dein Leben wartest, solltest du die Frau sein, die andere mit ihrer Begeisterung für das Leben, mit ihrer unbeschwerten Wesensart und mit der Wertschätzung selbst der kleinsten Gesten inspiriert. Viele Männer werden dich attraktiv finden, wenn du dich in deiner Weiblichkeit sichtlich wohlfühlst und deine Umgebung achtsam wahrnimmst. Beim Mittagessen im Restaurant mit einem potenziellen Partner solltest du beispielsweise dein Handy beiseitelegen und imstande sein, deine Ansichten selbstbewusst darzulegen. Die eigenen Gedanken zum Ausdruck bringen ungeachtet dessen, ob du seine Meinung teilst, ist eine weitere Eigenschaft, die anziehend wirkt.

Das gilt auch für eine Frau, die über tadellose Manieren verfügt, sich bedankt, mit dem Fluchen zurückhält und eine positive Einstellung erkennen lässt.

Anziehungskraft ist nicht nur vom Verhalten, sondern auch von der Persönlichkeit abhängig. Wenn dein Ziel darin besteht, einen anderen Männertyp als den üblichen anzuziehen, solltest du dein Verhalten ändern. Fokussiere dich auf deine Wunschvorstellungen und versuche dich selbst und deine Gefühle in Einklang mit ihnen zu bringen. Wenn der »Mann deiner Träume« ein Optimist sein soll, der im Berufsleben und in seinem Freundeskreis eine Führungsrolle einnimmt, du selber aber ein wenig pessimistisch veranlagt bist, ist es an der Zeit, die gleiche Ebene anzustreben, auf der er sich befindet. Das bedeutet, die Gefühle eines Optimisten nachzuvollziehen und zu verstehen, wie ein Mann mit Führungskompetenz tickt. Diese Eigenschaften musst du verinnerlichen, wenn du Männer mit dieser Persönlichkeitsstruktur in deinen Bann ziehen möchtest. Wir neigen dazu, uns zu Menschen hingezogen zu fühlen, die verstehen, wovon wir reden und was wir durchgemacht haben. Wenn du die Liebe anziehen möchtest, musst du dich auf die Ebene begeben, die deinen Wunschvorstellungen entspricht, das heißt, du solltest vorab darüber nachdenken, was Liebe für dich in Wort und Tat bedeutet.

Eine selbstbewusste Frau

*»Früher habe ich mich beim Betreten eines Raumes gefragt,
ob die Leute mich mögen. Heute frage ich mich beim Betreten
eines Raumes, ob ich die Leute mag.«*

Wenn du planst, Zeit damit zu verbringen, dich geliebt zu fühlen, kannst du zuversichtlich sein, dass dein Wunsch in Erfüllung geht. Das heißt, dass du nicht nur uneingeschränkt auf Gott vertraust, sondern auch absolut sicher bist, dass sich die Überzeugungen hinsichtlich deiner Person in deinem Leben widerspiegeln werden. Der Mann, der um dich wirbt, wird sich durch deine Wertvorstellungen und die Liebe, die du dir selbst und anderen entgegenbringst, zu dir hingezogen fühlen. Wenn du zu deinen Überzeugungen stehst und Leidenschaft für deinen Beruf, für die Menschen, die dir nahestehen, und für die Themen erkennen lässt, die dir wichtig sind, wird irgendwann der Richtige kommen, diese Einstellung respektieren und mehr über dich erfahren wollen. Dein Selbstbewusstsein wird wachsen, wenn du dich so annimmst, wie du bist und wie du dich zu entwickeln scheinst. Wenn du deine Mängel, Schwächen und Stärken als Teil deiner einzigartigen Geschichte akzeptierst und zu der Auffassung gelangst, dass du deine allerbeste Freundin bist, wird dein Selbstbewusstsein keine Grenzen kennen. Wenn du dich in deiner Haut wohlfühlst und niemanden mehr brauchst, der deine Worte, Taten oder dein äußeres Erscheinungsbild absegnet, ebnest du der perfekten Liebe den Weg in dein Leben.

Eine selbstbewusste Frau weiß, dass sie vom Glück gesegnet ist und von anderen als Segen empfunden wird. Sie sucht Blickkontakt, geht aufrecht und zielsicher durchs Leben, bringt ihre

Meinung zum Ausdruck, ist entscheidungsfreudig und versteht es, Komplimente anzunehmen, ohne sie zurückzuweisen. Als selbstbewusste Frau bist du stolz auf dich und dein äußeres Erscheinungsbild. Wenn dir ein negativer Gedanke über dich selbst oder andere durch den Kopf geht, lehnst du es ab, dich eingehender damit zu befassen. Du weißt, wie du deine Vorzüge betonst, und kannst über deine Neigungen, Liebe und Leidenschaft diskutieren, ohne das Gespräch beherrschen zu wollen. Eine selbstbewusste Frau ist kompetent und vielseitig, ohne anderen Minderwertigkeitsgefühle zu vermitteln, ohne Aufschneiderei, ohne mehr zu versprechen, als sie liefern kann, und ohne sich mit namhaften Bekannten zu brüsten.

Wenn dein Selbstbewusstsein gefestigt ist, sind deine Grenzen nicht verhandelbar. Deine Persönlichkeit ist ein Spiegelbild der Liebe und das Fundament deiner Selbstachtung. Jeden Tag aufs Neue fügen sich deine innere Einstellung und deine äußere Haltung sichtbar zu dem Selbstbild zusammen, das in dir verankert ist. Du bist in der Lage, anhand der Personen und Erfahrungen, die Einlass in dein Leben finden, Aufschluss über deine innersten Gefühle und Empfindungen zu gewinnen. Wenn du zuversichtlich erwartest, dass ein ganz besonderer Mensch deinen Weg kreuzen wird, bewältigst du deinen Alltag mit Freude und innerem Frieden, kannst den Platz im Leben genießen, an dem du dich gerade befindest. Du bist fähig, die Spreu vom Weizen zu trennen, weißt, was du willst und nicht willst. Dein Selbstbewusstsein hat den Wechsel vom Zustand abgrundtiefer Verzweiflung in den Zustand freudiger Erwartung bewirkt.

So lieben, wie Gott liebt

»Da er die Seinen, die in der Welt waren, liebte,
erwies er ihnen seine Liebe bis zur Vollendung.«
Johannes 13,1 (ERF Medien)

Es gibt verschiedene Intensitätsgrade der Liebe und des Geliebt-
werdens. Als Menschen haben wir alle den gleichen Wunsch: auf
der höchsten Ebene geliebt zu werden. Wir sehnen uns so sehr
danach, dass wir bereit sind, beinahe alles dafür zu tun, sei es,
unser äußeres Erscheinungsbild zu ändern, Dinge zu tun, die
nicht unserer Wesensart entsprechen, oder etwas zu opfern, was
uns bisher heilig war. Ich habe bisher immer wieder auf die Selbstliebe und die Liebe zu Gott hingewiesen. Wenn du begreifst, dass
die bedingungslose Liebe, die Gott dir entgegenbringt, mehr als
genug ist, und Selbstakzeptanz mehr Eigenschaften zum Vorschein bringt, die du an dir magst, kannst du auch bei anderen
eine Liebe und Zuneigung hervorrufen, die dich stärkt. Doch in
der Zeit, in der du darauf wartest, dass ein neuer potenzieller
Partner in deiner Welt auftaucht, gilt es, eine Fähigkeit zu entwickeln, die unübertroffen ist: Die Liebe, mit denen du anderen
Menschen begegnest, ist ein Potenzial, von dessen Vorhandensein
du möglicherweise keine Ahnung hattest. Doch Gott lebt in dir
und mit IHM die Liebe in ihrer erhabensten Form.

Es gibt Zeiten, in denen unsere Liebe an ihre Grenzen stößt. Sie
wird an Bedingungen geknüpft. Du verlangst von anderen, sich
an deine Vorgaben zu halten, bevor du bereit bist, zu lieben. Das
ist eine eigennützige Form der Liebe. Sie läuft unterm Strich auf
eine Kosten-Nutzen-Rechnung hinaus: »Wenn es nicht meinem
eigenen Vorteil dient, lohnt es sich nicht« oder »Was springt für

mich dabei heraus?« Jesus hat seine bedingungslose Liebe auf unterschiedliche Weise zum Ausdruck gebracht, die ihm nicht unmittelbar zugutekam. Er war ein König, der anderen die Füße wusch. Es ließen sich noch etliche Beispiele anführen, aber nun hast du eine Vorstellung von der Liebe, mit der Christus dein Leben bereichert und dich gerettet hat.

Du fragst dich jetzt vermutlich, was das mit deinem Bestreben zu tun hat, die Liebe in deinem Leben willkommen zu heißen. Nun, alles! Wenn du dein Denken und Handeln an der höchsten Ebene der Liebe ausrichtest, übermittelst du der Welt die Botschaft, dass du stets an das Beste für dich selbst und andere glaubst, was immer auch geschehen mag. Du hast entschieden, dir selbst und anderen leichten Herzens zu vergeben und nie mehr außerhalb der Liebe zu leben. Du bist in der Lage, deine Wünsche auf die Tagesordnung zu setzen, weil die Liebe den Vorsitz darüber führt. Wenn du so liebst, wie Gott liebt, lebst du in SEINEM Frieden und lässt dich von nichts und niemandem von deinem Weg und von deiner Lebensweise abbringen. Wenn du so liebst, wie Gott liebt, wird sich dein nächster Partner geborgen fühlen und die Macht Gottes und den Frieden in dir hautnah miterleben. Er wird deine Gesellschaft suchen, weil er in deiner Nähe Liebe und Glück empfindet, und er wird beides an dich zurückgeben.

Diese Liebe, die Liebe Gottes, ist imstande, selbst zerrüttete, ungesunde Beziehungen zu heilen. Wenn du beschließt, der Liebe, die du dir wünschst, den Weg in dein Leben zu ebnen, solltest du Körper, Geist und Seele in einen Zustand versetzen, der das Dienen und die bedingungslose Liebe fördert. Falls dir das unnatürlich vorkommt, übe es jeden Tag, bis es in Fleisch und Blut übergegangen ist. Dann fühlst du dich nicht mehr gezwungen, dein Augenmerk auf andere zu richten und aufzurechnen, was sie für dich tun. Liebe ist imstande, Wiedergutmachung zu leisten, und wenn das erforderlich sein sollte, um voranzukommen, ist Handeln geboten. Es führt kein Weg daran vorbei. Liebe lässt sich nicht von Stolz und Ego auf den Rücksitz verweisen. Sie ist das lebendige Herzstück von Körper, Geist und Seele.

12

NEUN HINWEISE, DASS DU EINE GUTE WAHL GETROFFEN HAST

Deinen eigenen Weg zu gehen hat sich noch nie so gut angefühlt wie jetzt. Noch vor einem Jahr hättest du dir nicht vorstellen können, dass du jemals diesen Punkt erreichst. Ich hoffe, das Buch konnte dazu beitragen, den Heilungsprozess in Gang zu bringen, deine Selbstliebe zu stärken und die wahre Liebe in deinem Leben willkommen zu heißen. Eine spannende Zeit! Spannend deshalb, weil du dich befähigt fühlst, die richtigen Entscheidungen zu treffen. Es ist eine Erleichterung, die Verletzungen überwunden zu haben oder nicht mehr in Versuchung zu geraten, den Schmerz zu betäuben. Blicken wir den Tatsachen ins Auge: Du bist ein anderer Mensch geworden, zufriedener mit deinem Leben als jemals zuvor. Du hast nicht nur akzeptiert, dass deine frühere Beziehung ein für alle Mal der Vergangenheit angehört, sondern auch begriffen, dass es so kommen musste, damit du innere Stärke gewinnst und offener für die Möglichkeiten wirst, die

Gott für dich auf Lager hat. Das langwierige Sortieren und Sondieren all dessen, was du als annehmbar oder unannehmbar betrachtest, hat deinen Erfahrungen eine abenteuerliche Note verliehen.

Du hast einen Kandidaten in die engere Wahl gezogen. Jemand, der sein Bestes getan hat, um deine Aufmerksamkeit zu wecken, und du genießt die Begegnungen mit ihm. Dir gefällt, was du empfindest und siehst, aber du möchtest dich trotzdem vergewissern, dass du dieses Mal den Richtigen erwischt hast. Wir wissen schließlich alle, dass wir uns von unserer Schokoladenseite präsentieren, wenn wir zu einem Bewerbungsgespräch erscheinen, und dieses Szenario unterscheidet sich in keiner Weise davon. Es gibt da einen Kandidaten, der die vakante Position in deinem Leben einnehmen möchte, und ihm fühlst du derzeit auf den Zahn. Nach mehreren Treffen im Café, Verabredungen zum Abendessen und stundenlangen Telefonaten möchtest du gerne glauben, dass er zu dir passt. Die Zeit, sein Durchhaltevermögen und seine Einsatzbereitschaft werden entscheiden, ob dem so ist, doch vorab solltest du nach neun Hinweisen Ausschau halten, die darauf schließen lassen, dass du eine gute Wahl getroffen hast:

ER BEMÜHT SICH, DIR STEINE AUS DEM WEG ZU RÄUMEN. Er kann es nicht ertragen, dass es dir schlecht geht oder du unzufrieden mit einer Situation bist, deshalb übernimmt er die Rolle des »Troubleshooters«. Er ist gleichwohl kein Mann, der es darauf abgesehen hat, auf diesem Weg die Kontrolle über dein Leben zu gewinnen oder jeden Aspekt und deine Reaktionen darauf zu beeinflussen. Er ist vielmehr ein Mann, der sich wünscht, dass du dich rundum wohlfühlst. Eines seiner Ziele besteht darin, dich glücklich zu machen, und er ist der Meinung, dir das Leben erleichtern zu können, wenn er dir Problemlösungen präsentiert –

auch wenn du eigentlich nur jemanden brauchst, der ein offenes Ohr hat, wenn du Dampf ablassen möchtest. Er ist der Überzeugung, die Situation verbessern zu können, wenn er aufmerksam zuhört und eine Lösung findet. Nicht mehr und nicht weniger. Er möchte gerne dein Superheld sein. Das ist seine Art, dir zu zeigen, dass ihm dein Wohl am Herzen liegt.

ER SUCHT DEINEN RAT. Bevor er eine wichtige Entscheidung trifft, berät er sich mit dir. Er möchte dich über die Geschehnisse in seinem Leben auf dem Laufenden halten. Egal ob es um eine Beförderung, um die Wahl zwischen einem schwarzen oder blauen BMW, den er zu kaufen gedenkt, oder um die Frage geht, was er seiner Mutter zum Geburtstag schenken soll; er wünscht sich, dass du Teil seines Lebens bist und informiert bleibst. Er ist der Überzeugung, dass du hervorragende Entscheidungen triffst, und möchte gerne, dass du seine Entscheidungen gut findest.

ER INTERESSIERT SICH FÜR DAS, WAS DICH INTERESSIERT. Statt vor dem Unbekannten zurückzuscheuen, ist er mehr als glücklich, dich besser kennenzulernen, indem er sich für das interessiert, was dir wichtig ist. Er möchte erfahren, welchen Aktivitäten du mit Leidenschaft nachgehst und warum du dich zu ihnen hingezogen fühlst. Er möchte mit deiner Welt in Kontakt kommen. Er bewahrt seine Neugierde, wenn es um soziale Anliegen, Ereignisse und Hobbys geht, die ein Lichtblick für dich sind und deine Aufmerksamkeit fesseln. Er wünscht sich nicht nur, dass du einen Platz in seiner Welt einnimmst, sondern möchte auch in deine Welt eingeladen werden.

ER MACHT PLÄNE. Er hat kein Problem damit, die Initiative zu ergreifen. Er ist sogar der Typ, der sich die Zeit nimmt, einen romantischen Abend einzuplanen, Vorschläge bezüglich der Gestaltung zu machen und seine Ideen umzusetzen. Er erkundigt sich respektvoll, ob du Zeit für ihn hast, und macht Pläne, um dich zu beeindrucken. Auch wenn sie nicht perfekt sind – was zählt, ist allein der Gedanke, dir etwas Gutes zu tun. Er geht nicht davon aus, dass du zu der Sorte Frauen gehörst, die sich in der Regel bei Netflix-Filmen und Videos »entspannen« (von Zeit zu Zeit ist ja nichts dagegen einzuwenden), sondern macht sich die Mühe, Zeit mit dir zu verbringen und dir andere Aspekte seiner Persönlichkeit zu zeigen.

ER SORGT FÜR TRANSPARENZ. Du musst dir nicht den Kopf darüber zerbrechen, was er vorhaben könnte, mit wem er die restliche Zeit verbringt oder ob seine Geschichten stimmen, weil es ihm wichtig ist, seine Karten auf den Tisch zu legen. Er macht keinen Hehl aus seinen Aktivitäten und Absichten. Bei ihm gibt es keine versteckten Botschaften oder Grund für Verwirrung, weil er nichts vor dir zu verbergen hat. Diese Transparenz vermittelt dir ein Gefühl der Sicherheit und bestärkt dich in dem Glauben an die Beziehung.

SEINE FAMILIE UND FREUNDE KENNEN DICH. Du wirst nicht unter Verschluss gehalten. Er konnte es kaum erwarten, dich seiner Familie und seinen Freunden als »seine Freundin« vorzustellen. Du bist nicht seine neueste Eroberung, sondern die Frau seiner Träume, von der er ständig spricht. Er möchte alle, die in seinem Leben wichtig sind, wissen lassen, mit wem er seine Zeit verbringt und wie viel du ihm bedeutest. Er möchte, dass du ihn zu Familienfesten in großem Stil und zu Familientreffen in kleinem Kreis – zum Beispiel Weihnachten – begleitest. Er zögert nicht, sich offen mit dir zu zeigen, weil er stolz darauf ist, mit dir zusammen zu sein.

ER BEZIEHT DICH IN SEINE WELT EIN. Er geht gerne in die Oper und möchte, dass du ihn begleitest. Er ist Mitglied in der Basketballmannschaft deiner Heimatstadt und würde sich freuen, wenn du bei den Spielen zuschaust. Gleich ob Wandern, Fitnesstraining, Reisen oder Autoreparatur, er wünscht sich nichts sehnlicher, als dich an seiner Seite zu wissen. Er ist der Überzeugung, dass deine Gesellschaft ihm genauso viel Freude macht (wenn nicht mehr) wie Freizeitaktivitäten, denen er alleine nachgeht. Mit der Entscheidung, dich in seine Welt einzubeziehen, offenbart er dir den Wunsch, Teil deines Lebens zu sein.

ER HÖRT DIR ZU UND RESPEKTIERT DEINE MEINUNG. Deine Gedanken und Ansichten sind ihm wichtig. Er hört dir aufmerksam zu. Er fragt dich häufig nach deiner Meinung zu bestimmten Themen und ist erpicht darauf, mehr über deine Denkweise zu erfahren. Er achtet auf deine Vorlieben und Abneigungen und möchte dir begreiflich machen, dass er deine Gedanken ernst nimmt. Da er dir uneingeschränkt vertraut, kommt er deinen Vorstellungen von den Rahmenbedingungen eurer Beziehung bereitwillig nach, weil er weiß, dass es dir nur darum geht, die Partnerschaft mit ihm zu verbessern.

SEIN LEBEN MIT DIR IST EIN EINFLUSSFAKTOR BEI SEINEN ENTSCHEIDUNGEN. Manchmal ergeben sich fantastische Chancen, die eine schnelle Entscheidung erfordern. Vielleicht handelt es sich um einen beruflichen Aufstieg an einem weit entfernten Ort oder die Möglichkeit, in eine größere Wohnung umzuziehen, die mehr Geld kostet. Vielleicht möchte er sich an einem renommierten Institut fortbilden und damit die Gelegenheit nutzen, seine Kompetenzen zu erweitern und eine eigene Firma zu gründen. Ungeachtet dessen, was ansteht, die Beziehung zu dir fällt ins Gewicht, wenn es gilt, die beste Entscheidung für sich selbst zu treffen. Es geht nicht mehr allein um ihn. Er weiß dich an seiner Seite und er möchte, dass du stolz auf ihn bist. Er setzt alles daran, die Partnerschaft nicht zu gefährden, aber Chancen trotzdem wahrzunehmen.

Wenn du all diese Hinweise beim Wiedereinstieg in den Dating-Prozess im Hinterkopf behältst, erhöhst du deine Chancen, jemanden zu finden, der gut zu dir passt. Ich wünsche dir dabei viel Glück!

Nun ist das Ende unseres gemeinsamen Weges erreicht und du bist bestens gerüstet, dich mit hoffnungsvollem Herzen auf deinen eigenen Weg zu machen. Du hast deinen Wert erkannt und zerbrichst dir nicht länger den Kopf darüber, was in der letzten Beziehung falsch gelaufen ist, sondern vertraust auf Gottes Plan für dich, egal was auch geschieht. ER hat dich weder vergessen noch bestraft. Ganz im Gegenteil: Du hast durch IHN Liebe, Wertschätzung und persönliches Wachstum erfahren, ungeachtet dessen, wie sich der Heilungsprozess nach einer schmerzlichen Trennung und die Wiederentdeckung deines Selbst bisweilen auch anfühlen mag. Ganz egal ob du diesen Prozess noch zwei oder drei weitere Male oder nie mehr durchstehen musst, du kannst dir sicher sein, dass du über das erforderliche Rüstzeug verfügst, um Krisen zu überwinden und irgendwann Glück und Zufriedenheit zu finden. Dieses Buch soll dich daran erinnern, dass du nicht dazu bestimmt bist, klein gemacht und klein gehalten zu werden. Es ist an der Zeit, dir bewusst zu machen, dass alles, was dir im Leben widerfährt, nicht gegen dich gerichtet ist, sondern letztendlich *zu deinem eigenen Besten* geschieht. Die Liebe bietet dir alles, was du dir wünschst und brauchst.

DANKSAGUNG

Du hast mir eine Stimme, deine Seele, Liebe, Vergebung und
Frieden geschenkt, und dafür schenke ich dir meine zahlreichen
Heute und zahllosen Für-immer-und-Ewig.

ÜBER DIE AUTORIN

Tatiana Jerome ist Buchautorin und Beziehungsexpertin mit eigener Beratungspraxis für Frauen in Krisensituationen. Ihrer Website über Liebe, Spiritualität und Erfolg sowie ihrer Facebook-Präsenz verdankt sie eine große Anhängerschaft von über 420 000 Menschen weltweit. Sie ist außerdem eine gern gesehene Referentin und Karriereberaterin bei einer Vielzahl von Organisationen. Sie lebt in Florida, USA.

- ◆ www.tatianajerome.de
- ◆ Facebook: www.facebook.com/iamtatianajerome
- ◆ Twitter: @tatianajerome
- ◆ Instagram: Tatiana.jerome